世界のビジネスリーダーがいまアートから学んでいること

Renaissance of Renaissance Thinking
――A New Paradigm in Management

ニール・ヒンディ
長谷川雅彬［監訳］
小巻靖子［翻訳］

Nir Hindi
Transcription Masaaki Hasegawa
Translation Yasuko Komaki

CROSSMEDIA PUBLISHING

Renaissance of Renaissance Thinking
A New Paradigm in Management
by
Nir Hindi

監訳者まえがき

多くの人にとってアートは「一部の人に与えられた才能」とか「成功者の道楽」といった印象が強いと思います。そんなアートが、これからのビジネスにおける必須科目だと聞かされたら、どう感じるでしょうか？　「何を馬鹿げたことを言っているんだ」と思われる人も多いでしょう。しかし、これは決して冗談ではありません。すでに世界では、多くの企業や教育機関がアート、そしてアーティストの重要性を認識しています。「Design in Tech Report 2016」で発表されたデータによれば、ユニコーンと呼ばれる資産評価額が10億ドルを超える非上場企業のうち、なんと21パーセントもの企業の創業者が、アート・デザイン・音楽といったクリエイティブなバックグラウンドを持っているのです。

Appleの創業者であるスティーブ・ジョブズがカリグラフィー（美術書道）を学んだことは日本でも有名な話だと思います。YouTubeも共同創業者のチャド・ハーレイは美術を学んでいますし、Airbnbの創業者であるジョー・ゲビアとブライアン・チェスキーはデザインスクールの同級生です。その他にも、例を挙げれば枚挙にいとまがありません。Twitter、Square、Mediumといった世界中で誰もが知っているサービスの共同創業者であるジャック・ドーシーは、ロバート・ヘンリというアーティストが書いた『The Art Spirit』からビジネスについて多くを学んだと話しているほどです。

このように、私たちの生活のあり方を根底から変えるようなサービスや製品をつくり出している人々が、アートの重要性を訴え始めているのです。実はこうした大きな潮流は、欧米ではすでに教育にまで浸透し始めています。最近では多くのビジネススクールがデザインやアートに関連した科目を設けています。一方で、アートやデザインの大学では、ビジネスを学生に教え始めています。たとえば、超一流の芸術大学であるイギリスのセントラル・セイント・マーティンでは、2016年からMBA（経営管理学修士号）のコースを開始しています。また、南ヨーロッパ最大級のスタートアップカンファレンスであるサウス・サミットでは2017年に、プログラムの中にArt and Culture（アートとカルチャー）というジャンルを設けました。

この背景には、テクノロジーの進歩によって私たちの生活が急速に変化していることが挙げられます。インターネットやスマートフォンの登場によって、これまで存在していた境界線がなくなり、さまざまなことがクロスボーダーになっています。世界の最前線では、国籍や言語だけでなく、職種や専門まで境界がなくなりつつあるのです。そして、こうした領域を越えたものの考え方こそが、イノベーションを加速させるために求められています。ウォルター・アイザックソンは、ニューヨーク・タイムズのベストセラーになった『Leonardo da Vinci』という著書の中で、レオナルド・ダ・ヴィンチ、アルベルト・アインシュタイン、スティーブ・ジョブズといった偉人たちには共通点があると述べています。そして、その共通点こそが「領域や専門性を越えた発想や考え方」です。レオナルド・ダ・ヴィンチが画家としてだけでなく、医学や工学にも精通していたことは有名な話です。アインシュタインも〝偉大な科学者とはアーティストである〟と語ったほどアートを重要視しており、本人も「多くの偉業は知識ではなく想像力によってもたらされた」と言っているほどです。

現代においてアートの重要性が高まっているのは、まさにこの点にあります。テクノロジーによって物理的な境界線や制約が薄れた環境では、過去の最適化や改善だけではなく、一見まったく関係のない点と点をつなぎ、新しい視点を生み出す力が必要になっています。残念なことに、現在の世界経済における日本のプレゼンスは大きく低下しています。事実、「Global Innovation Index 2018」の中で、日本は世界13位、東南アジア・オセアニア地区のランキングでも、シンガポール、韓国に続き3位です。「ジャパン・アズ・ナンバーワン」の時代はすでに終わっているのです。これに対して日本企業は、多くの海外企業を買収して競争力を強化しようと対応しています。日本企業は2015年と2016年のたった2年間だけで、1195社もの海外企業を買収しており、その金額は20兆円を超えているのです。

しかし、企業を買収して新しいテクノロジーや販路を手に入れても、現代の人々が求めている製品やサービスをつくらなければ宝の持ち腐れです。というのも、多くの日本企業はすでに世界でもトップクラスの技術を持っているからです。たとえば、iPhoneが登場したころの日本の携帯電話は、すでにテレビが見られたり、デジカメ並みの画質のカメラが付いていたりと、技術的に非常に水準の高いものでした。しかし、世界は瞬く間にiPhoneをはじめとするスマートフォンに席巻され、今日のスマートフォン市場において日本企業の活躍は見られません。一方で、iPhoneの重要なパーツの一部は日本の町工場がつくっているのです。このように、日本はすでに技術力があるのにもかかわらず、その技術力を十分に活かせていないわけです。

これはなぜでしょうか？　日本企業の多くが、世界の変化を単なる「技術力の向上」や「テクノロジーの進歩」ととらえているためです。重要なのは、テクノロジーの進歩によって人々の価値観がどう変化しているかです。テクノロジーの進歩によって人々が何に対して価値を見出し、何を求めるかを理解しなければ、どれだけ高度なテクノロジーを持っていたとしても、無用の長物になってしまいます。

インターネットやスマートフォンが普及するまでは「自己承認」の時代だったと言えます。稼いだお金で車を買うこと、家を建てることはステータスとされ、会社の中では出世をするために死に物狂いで働いていました。しかし、現代はどうでしょうか？　私たちはいま、「自己実現」の時代に生きています。現在のようにインターネットやスマートフォンが普及していなかった時代は、帰属欲求を満たすためには学校や会社といった物理的な集団に属する必要がありました。しかし、現代ではインターネットを通して、いくらでも好きな人々や集団とつながることが可能です。また、物理的にも転職や留学といったハードルが大きく下がり、自由に自分が所属するグループを選べるようになりました。さらに、ソーシャルメディアに投稿すれば、簡単に〝いいね〟や〝シェア〟という形で他人からの承認が得られ、「インスタント自己承認」が実現されるようになったのです。

簡単に承認欲求が満たされるようになったことで、人々は自己実現を求めるようになりました。

また、インターネットによって世界中の人々がさまざまな生き方をしていることを知ることで、より自己実現欲求が刺激されます。こうして、お金や地位、ステータスのために働くという考え方から、自分が本当にやりたいことや好きなことをして生きたいという人が急速に増えたのです。生き方やライフスタイルといった点が重要視されるようになり、その考え方は仕事選びや購買行動にまで影響を与えるようになりました。

自己実現の時代において重要なのは、物事の〝意味〟です。働くことの意味、物を買うことの意味、生きることの意味といった意味が問われます。だからこそ、〝意味を創る〟ことが21世紀の社会において求められているのです。そして、アーティストこそ、〝意味を創る〟プロフェッショナルなのです。なぜなら、彼らはさまざまな角度から物事を観察し、解釈し、自分なりの意味を世界に対して発信しているからです。

もちろん、アートにおいては技術も重要です。しかし、それらの技術を学ぶのは、自分が表現したいことを表現したい形で表現するためです。「手段」であって「目的」ではありません。まとめると、アーティストの存在意義とは、一見すると関係のない点と点をつなげ、新たな意味を創ることだと言えます。つまり、私たちが学ぶべきは、アーティストの物の見方や考え方、そして点と点のつなげ方なのです。

いま、巷で流行っているデザインシンキング（デザイン思考）は、特定の目的を達成する、複雑な物事をシンプルに整理して効率化する強力なツール（手段）です。しかし、「何を何のためにデザインするのか？」という意味がなければ、デザインは社会の役に立てません。なぜなら、デザインは技術だからです。技術を活かすためにも、〝意味を創る〟ことが必要になるのです。

21世紀においてアートは、これまで無関係であった点と点とを結び、新たな意味を社会にもたらす重要な役割を持っています。この本は、アートの社会における新しい役割を理解し、ビジネスの場においてなぜアートが重要なのかを紐解くバイブルだと言えます。

長谷川　雅彬

世界のビジネスリーダーがいまアートから学んでいること　目次

第1章 アーティストと起業家の関係

第2章 企業はアートを必要としている

第3章 アートとイノベーション

第4章

アートとスキル

第5章 創造的な組織

序　章

ルネサンス的思考を復興する

INTRODUCTION

アートとビジネス

「アートはものではない。それは方法なのだ」

エルバート・ハバード

時代は急激に変化している。10年前には想像さえしなかったようなことが、いま、身の回りで起きている。数年前からビジネス界では、創造的な人々が果たす役割について、従来とは異なる考え方や認識が見られるようになってきた。

伝統的にビジネス界では直線的思考、データに基づいた判断、数値化できる目標、そして実行力が重視されてきた。教育システムはこのような考え方に基づいて、分析的思考のできる人間が育つよう設計された。学校の成績評価システムは「実行する人」を見つけるのに役立った。成績がよいということは、勤勉さと従順さの印だったからである。経済が緩やかに変化する社会では、絶え間ないイノベーションは必要とされなかった。企業はすでにあるものを使って計画を実行することを目指した。企業に必要なのは、計画に着手し、実行し、すでにあるものをさらによいものにすることのできる人材だった。創造的な人々はこんなことはしない。創造力のある人々は管理がむずかしいことで知られている。それは彼らが常に「次のこと」に思いを巡らしているからである。

かつてないスピードで経済が変化する中、企業はどのような従業員を「適材」とするのか、見直しを迫られている。今日のような時代には、創造的な人々――とくにアーティスト――が必要である。こんなことをいうと、アートやアーティストがビジネスに一体どう関係しているのかと思われるかもしれない。アートから連想されるのは創造力。ビジネス界は、たとえわずかにせよ、本当にアートなど必要としているのだろうか。

正直なところ、アートとビジネスについて、同じ文脈の中で語るのはむずかしい。両者がどう関係し、影響し合うのか明確にするのは容易ではない。どうしてこんなことをしているのかと自分でも思うことがある。なぜ私は時間を割いて講演をし、若い学生と話をし、管理職に講義をして、「アートは重要である」というメッセージを伝えようとしているのか。それは、ビジネス・テクノロジー・起業の世界では、アートが必要とされているからだ。本書を読み終えるころには、読者も同じ考えを持つようになっていると私は信じている。本書はさまざまな問題を提起するだろう。そして、あなたが抱く疑問のいくつかにお答えできるだろう。それは、アートについて考え始めたとき、私自身が抱いていた疑問でもある。

アートはそれ自体で存在するものではない。アートは「方法・手段」である。つまり生き方・考え方・やり方・実行法なのだ。本書を読んで、読者がアートに対する新たな視点を得るよう願っている。アートは映画・演劇・音楽など、幅広い分野に及んでいる。だが、私のいうアートは、ほとんどの場合、絵画・素描・彫刻のような美術の世界を指している。それは、私の話がすべて個人的体験に基づいたものだからである。

アートにまつわる私の最初の記憶、それが左に挙げた絵である。『ひまわり』はフィンセント・ファン・ゴッホの作品の中でもとりわけ有名なものの一つだろう。7歳のとき、私は絵画教室に入れられた。そして、『ひまわり』に刺激を受け、この教室での最後の作品としてその模写に挑んだ。自分なりの『ひまわり』を描いて、そこで何を学んだか、どれほど上達したかを示そうとしたのだ。その後、私は20代になるまで、伝統的な意味でアートから離れていた。しかしいま振り返ると、アートはいつも私の生活の中にあった。子ども時代、10代のころ、そして大人になってからも、私はアート・デザイン・建築・ファッションへの熱い思いを保ち続けていた。私の夢は建築家・写真家・デザイナーになることだった。「創造すること」が私の夢だった。

私はアートに情熱を燃やしていたが、ビジネス・テクノロジー・起業に対する情熱も同じように強かった。学校が休みに入ると、友人と自転車屋を開業した。

15歳の夏には仕事を三つ掛け持ちした。14歳のときにウォーレン・バフェットやリー・アイアコッカの伝記を読んだ。私の夢はビジネスリーダーや起業家になることだった。「築くこと」が私の夢だった。

絵画や建築物を見て刺激された私は、バフェットやアイアコッカなど、多数のビジネスリーダーからも刺激を受けた。そして、変になってしまった。自分が「正常」であるはずはない、どこかおかしいに違いない。私はそう思った。デザイナーとビジネスリーダーの両方

フィンセント・ファン・ゴッホ『ひまわり』

になりたいだなんて、一体どういうことなのか。それは容易なことではない。私は悩んでしまった。

なぜ悩んだのか、いまの私にはよくわかる。選択を迫られて、私は葛藤したのだ。この社会では、右脳型——創造的・直感的・主観的・共感的、あるいは左脳型——論理的・分析的・客観的、のどちらか一方でなければならない。だが、もちろん人間の脳は非常に複雑にできている。思考を脳の右と左に分けて済むような話ではない。だが、本題からそれるといけないので、詳しい説明は控えよう。

社会は私たちに、「どちらか一方にしかなれない」と言う。私たちは選択することを求められている。物理を学びながら絵の勉強をすることはできない。音楽家とエンジニアを兼業することはできない。それらはなじまないのだ。しかし、私は両方に足を突っ込んでいた。私は右脳と左脳の両方を使う。多くの人はそうなのだと私は信じている。確かに、右脳が優勢、あるいは左脳が優勢という人はいる。それでも、すべての人の体に両方が備わっている。右脳と左脳は補完し合いながらはたらく。脳はそのようにつくられているのだと私は考えている。

若いころの私は、右脳型か左脳型のどちらかを選ぶという、私にとっては根拠のない選択をすることにこだわって、自分で自分を苦しめていた。社会はまた、選択を迫るだけでなく、論理的・

客観的思考のほうを信頼している。つまり、この思考法で行くほうが成功しやすい。あるいは、成功しやすいと言われている。そこで、私も大勢に従って左脳型を選択した。経済学とウェブ技術を学んだのだ。そしてビジネスの世界に入り、会社を興して経営した。最初に起業をしたのは、まだ学生だった20代のときで、その後、また一つ、また一つと事業を立ち上げていった。私はいわゆる「定職」に就いたことがない。その代わり、若くして起業家になったのだ。

学生時代にはまた別のことが起きた。アートの世界に戻って力を発揮したいという思いに駆られたのだ。私はアートの教室に通い、ギャラリーや美術館を巡り、創造的な人々と知り合った。交際範囲がゆっくりと広がっていき、アーティストやデザイナー、建築家、詩人といった人たちとつき合うようになった。仕事では起業家やビジネスパーソンとつき合っていた。

私は「余暇」をアーティストと、「勤務時間」を起業家と過ごした。そして、起業家とアーティストを深く知るにつれ、両者の共通点が多数見えてきた。私は、「なぜ彼らは組まないのか」と思った。なぜ協力し、アイデアを探求し、互いに学び合わないのだろう。こんな疑問にとりつかれて、私はアートがビジネス界にどのような影響をもたらすかを理解するための旅に出た。

私はドロリット・グル・アリエとの出会いをきっかけに、アートとビジネスを関連づけて考えることができるようになった。グル・アリエは、テルアビブ郊外にある美術館の館長で、チーフキュレイターも務めている。美術館は小さいが、「フィナンシャル・タイムズ」や「アール・プレス」「イー・フラックス・ジャーナル」「フォーブス」など世界の著名な新聞・雑誌で取り上げられている。だが、以前はアートの世界ではよく知られた存在だったものの、それ以外の人々にはあまり注目されていなかった。そこでグル・アリエと私は、新たなオーディエンスを獲得するための方法を探り始めた。

そうして生まれたのが「ニュー・メディア・アンド・アート・イン・エデュケーション（教育にニューメディアとアートを）」プログラムである。そして、若い学生や起業家、ビジネス・プロフェッショナルに美術館を知ってもらうための会やイベントも企画した。

こうした経験を積み、起業家とアーティストというバックグラウンドを活かして、私はベンチャービジネス、The Artian（ジ・アーティアン）を立ち上げた。この会社は、アートの世界の手法やアイデア・創造性をビジネスや起業の世界に取り入れて、革新性・創造力を育てることを目指している。私は、ビジネスとアートはともに必要で、相互に関係し、依存し合っていると考えている。アートの世界のスキル・プロセス・知識、とくにイノベーションのプロセスを日々の仕事に取り入れ、うまく活かしていくことで、企業はこの変化の時代にも期待に応え、さらにはライバルを凌ぐことができるだろう。また、あなた自身も、アートと関われば人間味が増し（関わらない人は人間味がないと言っているのではない）、よりよいマネジャーになれるだろう。アートは管理や統率に必要なソフトスキルをもたらしてくれるのである。

創造性を育てることは何より重要だが、それでは十分とは言えない。私はパラダイムの転換が必要と考えている。リーダーは創造性の豊かな人にフュージョニスト――アートとエンジニアリング、テクノロジー、サイエンスが融合する環境をつくり、育てる人――として権限を与えるべきだと思う。The Artianは、簡単に言うなら、従業員やマネジャーが右脳型思考法――想像力・直感・創造性・感性をはたらかせて仕事をする方法――を身につけるのを手助

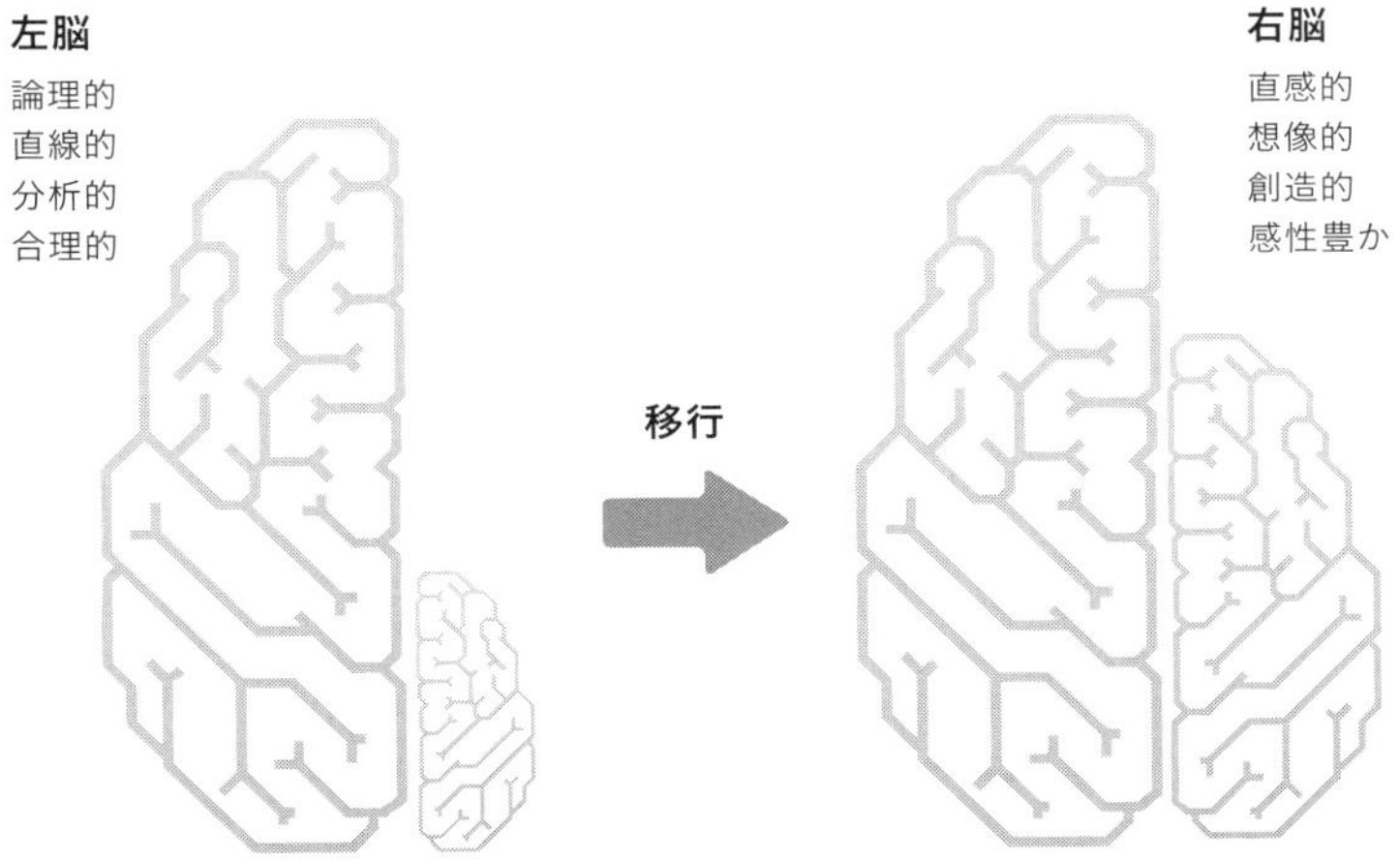

左脳型思考偏重の人たちが右脳型思考法を身につける

ける会社である。これは、組織に対して外部から創造性を押しつけるのではなく、内部に創造性を根づかせるということである。企業はそれをさらに育てていけばよい。

アートとサイエンス、アートと起業、アートとイノベーションに関する文献は不足している。それは、アートとこうした分野はまったくかけ離れたものとみなされ、働いている人のタイプも、働き方も大きく異なっていると考えられているからかもしれない。本書はあなたのための本である。あなたには、人々が世界をどのようにとらえているか、そのことについて考えてほしい。私は異なった見方を示すために、自分の考えをいくつか述べてきた。そして、私が問いたいのは次の点である。

いま挙げた、いわゆる異分野を結びつけたらどうなるだろう。右脳と左脳を分ける従来の考え方を見直すと、どんな結果につながるだろう。

本書では、アートと起業・サイエンス・イノベーションの世界との関係について論じたい。当然、「創造性」「デザイン」という言葉を使うことになるが、ここでこれらの語の意味を明確にしておこう。デザインという語は、とくに伝統的な意味で使った場合、アートという語と区別するのがむずかしい。アートと創造性についても同じことが言える。区別がむずかしいのは、概念が重なるからである。

アーティスト・デザイナー・テクノロジスト・エグゼクティブとして活躍する日系アメリカ人のジョン・マエダはこう述べている。

「アートとデザインの関係は、サイエンスとエンジニアリングの関係に等しい」

これらは切り離すことのできないものである。デザインを理解するには、アートの歴史と哲学を理解する必要がある。アートはデザイナーがアイデアを表現するためのツールである――アイデアを線描し、色彩で描き出し、彫り刻む。デザイナーはユーザーを理解し、自分がつくり出す製品と感情的に結びつけようとする。アートとは感情である。アートは見る人に誇りや悲しみ、興奮、驚きを感じさせる。アートは昔もいまも基本的にはコミュニケーションのためのツールである――アイデアを伝え、思いを広め、考えを形にする。デザインとは、その製品がユーザーのためにどのような役割を果たし、いかに価値あるものかを伝えるためのものである。こうしたことを考えると、アートの世界だけでなくデザインの世界からも適切な例を引くことが可能である。

次に創造性だが、アートと創造性は区別できない。創造的な人が皆アーティストであるとか、創造性がアートでのみ発揮されるということはないが、極めて実際的で、几帳面で、保守的な人が創造的になるのはむずかしい。創造性は開かれた心・実験・美意識・アイデアと関係がある。だからアーティスト・サイエンティスト・起業家は似ているのだ。アート・デザイン・創造性に目を向けていくと、「どのような考え方をするか」が創造性を発揮する上で重要なことが明らかになるだろう。そして、アートやデザインの世界のやり方を身につけることがイノベーションやブレイクスルーにつながり、組織の中では独創的な考え方をする人が育っていくのである。

左脳型組織における創造

左脳型思考と右脳型思考を選択する必要性がいつごろから認識されるようになったのか、その歴史をたどってみると、教育システムができた18世紀末から19世紀初めまでさかのぼる。産業化が進んだこの時代には、専門化が重要性を増していった。生産が急速に拡大し、新しい管理法が必要になった。工場制が生まれ、集中化・標準化・効率性が求められた。

この工場制は教育システムの設計にも影響を及ぼした。労働市場のニーズを満たす制度がつくられたのである。学校では、未来の工場労働者を育てるため、生徒をひとまとめにして効率的で画一的な教育が行われた。教室にいる生徒全員に同じ教科を同じ方法で教え、学力は相対評価された。

生徒は、適切なスキルと知識を身につけるとよい成績を収めることができ、そうすれば仕事に就けることを知った。そして、仕事に励み、しかるべき時期に退職するのだ。生徒は、分析的・直線的・実際的思考を身につけると、よい人生が待っていることにも気づいた。仕事で成功するには主要なスキルをマスターしておけばよい。そのスキルとは、分析・計画・細心の注意・熱心な仕事ぶり、そして常に規律正しいことであった。

生徒が教室で学んだことはほかにもあった。「質問」より「答え」のほうが常に歓迎される。教室で教師に盾突くと罰を受け、停学になることさえある。教室にいるほかの生徒に同調することが仲間はずれにされないための秘訣である。聞きたいことや言いたいことがあっても控えると、教師に目をかけられ、よい成績がつく。つまり、きちんとした仕事につくことができる。

秩序や忠実さを重視し、実行第一と考える組織にとっては、もちろんこうした考え方が推進力となった。ビジネスリーダーはビジネススクールで教育・訓練を受け、組織化されたデータ重視の集団の中でどう動けばよいかを学ぶ。このような考え方は、ビジネスリーダーにとって何ら新しいものではない。学校でも社会でもこのような考え方が当たり前とされてきたからである。データを見て、判断を下し、行動する。私たちはこれを一定の方法で繰り返すことを身につけた。データを理解することはもちろん重要である。系統立った方法で同じようにものごとを処理していくやり方に私たちは慣れている。繰り返しは重要である。それによってマネジャーは確実に業務を遂行し、成功を収めることができる。だが、これにはマイナス面もある。このやり方をしていると、私たちは「箱」にこもって仕事をすることになる。ビジネス環境に変化がなければ、一定のやり方でうまくいく。だが、環境が変化したら、どのように適応するのか。

企業は普通、経験的証拠、つまり過去の事実に基づいて手順を決め、それを完全なものに仕上げる。仕事に習熟することでリスクを抑え、効率性を高め……だが、これも環境に変化がなければの話である。将来――いや、現在と言ったほうがいいかもしれない――に過去とは異なる状況が生じたら、このような企業は深刻な事態に陥る。ビジネスモデル・慣行・手法、すべてのものが突然、時代遅れになってしまうことだって考えられる。

過去にばかり目を向けていては、未来をつくることはできない。

左脳型思考を極め、硬直した組織をつくり上げてきた私たちは、「創造的スキル」の開発・維持をおろそかにしてきた。創造的スキルは、アーティストやデザイナー、発明家など、創造的な人々のためのものだと、私たちは考えがちである。確かに、創造的スキルはだれもが身につけているものではない。しかし、未来をつくり、新製品を開発し、新サービスを提供するには、これが不可欠である。今日の「知識経済」における従業員の役割は、過去の「産業経済」における役割とは大きく異なっているのだ。

テクノロジーによって産業が次々と姿を変える時代には、何かが廃れても、それに代わるものが即座に登場する。科学技術を専攻する学生が最初の年に受ける授業は、数年後、その学生が卒業するころには時代遅れになっていそうである。どの分野でも企業はテクノロジーを取り入れ、一世代前には想像できなかったような形で革新を図っている——最近、企業やビジネス会議でよく耳にするのがデジタル・トランスフォーメーションという言葉である。いまの時代、働き続け、ライバルを凌ぐには、常に新しいスキルを習得していくしかない。

国際情勢は不安定で、業界はどこも急速に変化。不確実性とあいまい性の高まったこの世界で、企業はむずかしい舵取りを迫られている。分析的・論理的なマネジャーが管理し、「実行あるのみ」という考え方が受け継がれてきた企業にとっては、とくに厳しい状況である。あいまいさを嫌う企業はビジネスを新しい形に変えていくことをためらってしまうかもしれない。

企業は、「以前はどうだったか」に注目するよう設計されている。「昨年はどうだったか」、それを改善するにはどうすればよいか。しかし、過去ばかりに目を向けるのは危険な場合がある。

1990年代初めの、インターネットが登場したころのことを考えてみよう。大きな変革がもたらされようとしていたのに、企業は将来ビジネスにどのような影響が及ぶかを認識していなかった。済んでしまったことを分析するのにすっかり気をとられていたからだ。

私たちはいま、インターネットという「新しい発明品」を手にした90年代初めと同じような岐路に立っている。企業とそのリーダーは、過去数十年間してきたことをこの先も続けるのではなく、世界を「新しいことを始めるチャンスに満ちた場」としてとらえなければならない。人工知能が台頭し、新世代の従業員が登場し、世界経済のパワーバランスが変わり、世の中のすべてのものがスピード化する今日、私たちはだれもが真っ白なキャンバスを与えられている。

マネジャーであれ、従業員であれ、創立者であれ、「外の世界」に目を向けず、「どうだったか」ばかりに注目していてはいけない。外で何が起きているかを見るということは、世界を別の視点でとらえるということであり、手元にあった資源を使って何を生み出すことができたかではなく、いま手元にある資源を使って、いま何ができるかを問うことである。重要なのはすでに済んでしまったことではなく、今後の可能性なのだ。

私たちの社会は長い間、工場制に基づいた教育システムに従って、産業化時代の従業員を生み出してきた。ありがたいことに、産業はどの分野も発展した。だが、時代は大きく変わったのに、私たちはいまなお産業化時代の従業員を育てているようだ。教育者は未だに画一的な方法で昔ながらの教育を行っている。伝統的モデルでは経済状況の変化に対応できない。私たちは考え方を改めなければならない。

分析的思考・データ・測定・実行の重要性を疑問視するつもりはまったくない。実行力は極めて重要である。実行することで企業は成長し、大規模な、国境を越えた事業展開が可能になる。しかし、従来のこうしたやり方を続けていると、将来、優位に立つために必要なこと――業界のトップに躍り出ることのできるような発明、イノベーション、創造性――をおろそかにする危険性がある。左脳型の手法に偏るのではなく、もっとバランスのとれたアプローチをするほうが有益ではないだろうか。私はイメージだけでこう述べているのではない。これを裏づける研究がある[※1]。革新的な企業は左脳型思考と右脳型思考、実行と想像のバランスを保つマネジャーや設立者に率いられている。

「※1」……巻末の「参考文献」の1を参照（以下同）

ルネサンス的思考の必要性

「はるか先を見るには、はるか昔を振り返る必要がある」

「以前はどうだったか」にばかりに目を向けていてはいけない。そのような思考は企業や未来の社会にとって危険な罠となりかねない。だが、矛盾したことを言うようだが（イノベーションやサイエンスには探求や矛盾がつきものである）、過去は私たちに多くのものを与え、多くのことを教えてくれる。しかし、ここで言う過去は、1年前でも、10年前でも、50年前でもない。それは500年前のルネサンスの時代なのだ。ルネサンス期は人類の歴史上、最も創造的な時代だったと言えるだろう。その影響は長く及び、革新性に富んだこの時代から私たちはいまも貴重な教えを受けることができる。

ルネサンス期のフィレンツェは、実に大きな役割を果たした。すばらしい芸術作品、真の傑作、画期的なアイデアが生まれ、その影響はいまの私たちの生活にまで及んでいる。アイデアの中には、たとえば特許制度のように、現代社会にしっかりと組み込まれているものがある。社会や文化だけでなく、サイエンスやエンジニアリングの分野にもそうしたアイデアが見られ、ビジネスや産業関連のアイデアも現代の私たちの生活に多大な影響を及ぼしている。

フィリッポ・ブルネレスキ（1377‐1446）は、すばらしいルネサンス人の一人である。ルネサンスと聞いて彼の名を思い出す人はほとんどいないが、ぜひ覚えておいてほしい。この天才は、近世の最初のエンジニアとされ、フィレンツェの生んだ偉大な人物の一人に数えられた。彼の影響は今日の私たちの生活にも及んでいる。ブルネレスキはイタリアのサンタ・マリア・デル・フィオーレ大聖堂（フィレンツェの大聖堂として知られている）のドームを完成させた。建設には時代のはるか先を行く工法が用いられた。だが、さらに重要なのは、彼が距離感を表現できる線遠近法を発見、あるいは再発見したことである。

1420年ごろ、ブルネレスキは線遠近法を再発見し、三次元の空間を二次元の平面上に信じられないほどリアルに表現できることを示した。この再発見によって、アート・建築・サイエンスの歴史の流れが変わった。建築家・エンジニア・金細工師・彫刻家・プランナー・発明家、そして船の設計者だったブルネレスキこそは、私たちが過去200年間、産業革命とその成果に目を奪われている間に失ってしまったものを体現する人物である。

だが、ルネサンスはなぜあれほど大きな成功を収めたのだろう。豊かなアイデアが生まれた背景には何があったのだろう。さまざまなアイデアや革新性をもたらした要因を挙げていくとキリがない。だが、当時のようすを振り返ると、どうしても無視できない点が一つある。あの時代にはアートとサイエンス・エンジニアリング・数学・哲学が区別されていなかったのである。これらは共存するもの、あるいは一つのものと考えるのが普通だった。学生は当然のようにさまざまな分野を学び、さまざまな仕事に必要な知識を身につけた。学問分野が重なり合っていようと、一体化していようと、学生にとっては当たり前の話だった。

ルネサンスの立役者となったフィレンツェのメディチ家は、「全体は部分の総和に勝る」ということをよく理解していた。メディチ家の邸宅には、アーティスト・サイエンティスト・哲学者・彫刻家・エンジニアが集まり、一緒に働き、生活をした。メディチ家は、定期的に新しい人材を迎え、新しいアイデアを取り入れることがいかに重要か、そして、創造的活動に対するいちばんの脅威は、現状への満足感と安心感であることを認識していた。

メディチ家はインスピレーションや新しいアイデアを求め、過去の文化や他国の文化に目を向けた。フィレンツェを偉大な都市にするには、最も優秀な新しい人材が必要で、彼らを刺激し、新しい知識に触れさせなければならない。そう考えて、古代ギリシアやローマの貴重な文献を探すため、遠い国まで広範囲に人を送った。過去の知識へのあくなき探求は、遺産の継承者として名を高めるためでも、自らの知識欲を満たすためでもなかった。彼らは、過去の知識に触れることで新しいアイデアが生まれ、それがいまに活かされることを願っていたのである。

しかし彼らの考え方は、ルネサンスの時代に置き去りにされてしまったようだ。現在は専門化が重視されるが、当時は、イノベーションは新しいアイデアや借り物のアイデアなど、さまざまなアイデアが集まって生まれるものと考えられていた。その考えに誤りはない。

いくつもの分野や文化、職業が融合して独創的なアイデアは生まれた。ルネサンスはさまざまなアイデアや発明で知られるすばらしい時代である。芸術が花開き、科学技術が発達した。想像力と知性がルネサンスに真の輝きをもたらしている。だが、ルネサンスが栄光の時代であったなら、今日、ルネサンス的考え方があまり見られないのはなぜだろう。どうしてサイエンティストの頭脳とアーティストの感性や創造性を組み合わせようとしないのか。異分野の人々と一緒にものごとに取り組んでシナジー効果を得る方法を探ろうとしないのはなぜなのか。

ルネサンスの時代には急激な変化や、私たちがいま抱えているような問題に対処する必要がなく、時間をかけてアイデア・アート・建物・都市を生み出していけばよかったのだと言うこともできるだろう。実際、そうだったかもしれない。しかし、ルネサンスのような繁栄の時代が偶然の産物だったというようなことはありえない。ルネサンスの時代のリーダーにとって、それは哲学的使命であった。彼らは、「美が高邁な思想や価値体系を生み出す」という考えに基づいて都市――アートと建築――を建設し、形づくっていった。私たちは大成功を収めたルネサンスをインスピレーションの源泉としなければならない。ルネサンス期に勝るとも劣らない時代を築くことを目指さなければならない。

ルネサンスのリーダーが古代ギリシアやローマの知識を求めたように、私たちも発展・進化を願うなら、他の時代に目を向ける必要がある。ルネサンス的思考の「ルネサンス」、つまりルネサンス的思考を復興するときが来たのである。

第 1 章

アーティストと起業家の関係

THE RELATIONSHIP BETWEEN ARTISTS AND ENTREPRENEURS

アートと起業の関わり

まず、次の文章をじっくり読んでほしい。

アートとは、何もないところから価値を生み出す人間的・創造的活動である。それは資源の有無にかかわらず機会を追求することである。アートにはビジョンが必要で、そのビジョンを実現するために人々を導いていく情熱も必要だ。さらに、リスクを恐れず取り組む姿勢も求められる。

文中の「アート」という言葉を「アントレプレナーシップ」に置き換えるとどうなるだろう。定義は適切だろうか。

アントレプレナーシップとは、何もないところから価値を生み出す人間的・創造的活動である。それは資源の有無にかかわらず機会を追求することである。アントレプレナーシップにはビジョンが必要で、そのビジョンを実現するために人々を導いていく情熱も必要だ。さらに、リスクを恐れず取り組む姿勢も求められる。

アメリカのバブソン大学で教鞭をとった故ジェフリー・A・ティモンズ教授は、アントレプレナーシップをこのように定義した。アートと起業の本質をうまくとらえた定義だと思う。

私は先ほど、アーティストをはじめとする創造的な人々とつき合い、仕事仲間は起業家が多いと述べた。こうした人たちと話をしていると、アーティストと起業家の原点は同じではないか、実際、思考は同じだと感じられた。彼らと話をした後はいつも混乱した。だが同時に、アーティストと起業家には重要な共通点があるという思いを強くした。

「Entrepreneurs Are the Artists of the Business World（起業家はビジネス界のアーティストである）」※2。2005年に発表されたこの記事は、私がそれまで感じていたことを明確に言葉で言い表したものだった。これを読んで私は、それまで自分が何を考えていたのか、はっきりとわかった。何年もの間、両者の共通点について考えていたが、この記事のおかげで、ようやく答えが出た。「好奇心」と「創造意欲」が彼らを突き動かしているのである。

数十万人の従業員を抱え、売上が数百万ドル、数十億ドルという企業や、すばらしい経営で事業拡大を遂げた企業について述べる前に、その企業を支えた起業家、つまりビジョンを持った人々のことを話しておきたい。好機を見つけ出した人、なぜこんなふうになっているのだろうと興味を惹かれた人、問題点を見つけて何とかしなければと思った人。こうした人々は（必ずしも）お金のために動いたわけではない。もっと深い何かが彼らを創造・デザイン・開発へと駆り立てたのだ。

スタートアップの90パーセントは倒産すると言われている。この数字はどんな起業家にとっても厳しいもので、ビジネスを立ち上げるなど無茶な話である。それでも起業するのは、内に秘めた信念・情熱・動機・目的に突き動かされているからに違いない。私は、目先の利益にとらわれず将来に目を向ける多くの人たちを見てきた。

なぜ利益にとらわれないのか、おわかりだろうか。アントレプレナーシップとは生き方・考え方だからである。アントレプレナーシップは肩書でもなければ仕事でもない。それは「いかに生きるか」なのだ。何かに一生を捧げるときのように、アントレプレナーシップには精神的・感情的・肉体的犠牲が求められる。あらゆる犠牲が必要だ。しかしどれほど一途でなければならないか、世間ではあまり理解されていない。アントレプレナーシップの代償は大きいのである。したがって、もしこのような生き方を選ぶなら、ビジネス界の厳しい現実に突き当たっても持ちこたえるだけの情熱がなければならない。

製品やサービスを開発する起業家は、いまあるものを使って、いまとは異なる世界をつくり出すことを思い描く。社会が抱えている問題とその解決法について創造的に考える。エクセルや事業計画、投資家へのプレゼンといったものがなかった時代にも、彼らは直感をはたらかせて解決策を考え出した。

起業家はたいてい、どんな困難が待ち受けているかを知っていた。しかし、つまずいて痛い目に遭おうとも、誤りを犯して修正ややり直しが必要になろうとも、それを受け入れ、根気強くやらなければならないことも心得ていた。そうでなければアントレプレナーシップは機能しない。起業家であるとはこういうことなのだ。

アーティストについても同じことが言える。直感をはたらかせる、つまり、あるものがどんな形をとるか意識的に考えなくても反射的にわかるというのは、ビジネス界のやり方の逆をいくものだ。起業家も直感を活かす。仕事では感情もはたらかせるが、ビジネスの場では普通、こうしたことは行われない。彼らは、起業家の直感的な右脳型思考と組織が必要とする左脳型思考のバランスをうまくとっている。

重要なのは、左脳型思考を右脳型より優先させるといったことではなく、両方の脳をはたらかせ、相互作用させることである。私たちは左脳型思考が重視された時代とは異なる時代を生きている。それでは十分とは言えなくなったのだ。右脳を助手席に座らせておいてはいけない。右脳も左脳も運転席がふさわしいのである。

この章ではさまざまなことを述べるが、それを出発点にして成功を収めてほしい。変化の激しい世界では、まず世界に対する見方を変えない限り、組織をリードすることも、時代に適合することもむずかしい。もっと革新的・創造的でありたいと思うなら、スキルを身につけ、磨き、他者から学び、行動力・認識力を高めなければならない。

「ルネサンス・シンカー（Renaissance Thinker）」という言葉をよく耳にする。アメリカの心理学者、シーモア・エプスタインは、「ルネサンス・シンカー」を「科学者の頭脳と詩人の感性を持った」人物と定義した[※3]。こういう人々は、合理的な思考システム（左脳）と経験的な思考システム（右脳）の両方をうまく使っている。ルネサンス・シンカーと聞くと、ほとんどの人はレオナルド・ダ・ヴィンチを思い浮かべるだろう。ダ・ヴィンチはだれもが称える偉才の一人で、特別な才能を持っていたと考えられている。彼は、アート・サイエンス・エンジニアリング・テクノロジーなどの分野で創造性を発揮する天賦の才を備えた人々のようだ。私たちはこういう人物になりたいと心の奥底で思っている。

ダ・ヴィンチのような人物は歴史を見ても多くはいない。あのような驚くべき能力を備えた人たちはアウトライヤー（外れ値）なのだろう。だが、ルネサンス的思考は生き方としてとらえなければならない。生まれつきルネサンス・シンカーだという人はだれもいない。このすばらしい思考を身につけ、活かし、微調整して、人はルネサンス・シンカーになるのである。

合理的思考能力をどのように育てるかはよくご存じだと思うので、ここでは経験的思考能力を伸ばす上で役立ちそうなことをいくつかお話ししよう。

私はそれをアートの世界で見つけた。アーティストから学び、アートを体験し、アートを鑑賞し、アートをはじめとする創造的な仕事に携わる人たちと話をすることで、心が開かれ、創造力を身につけることが可能になるのである。

アートと起業の関係について研究を始めた私は、似たような考え方をする人たちがほかにもいないか調べてみた。最初に確かめたのは、私にとって身近なテクノロジーの世界だった。この世界のリーダーの考え方とアーティストの考え方には共通点があり、他の分野や業界でも同じような考え方は見られた。私の経歴を考えると、テクノロジーの世界から調査を始めたのは自然な選択で、事例の大半はテクノロジーの世界から取り上げることになるが、たとえば重工業分野の石材メーカーなどの例も紹介しようと思う。業種はまったく異なるが、共通点が見られる。「よそとは異なるやり方」をしているのである。

この研究によって私は驚くべき結果を得て、自分の考えていたことが正しいことを知った。テクノロジーの世界のリーダーは、アートとつながりがあった。直接的につながっている人もいれば、間接的につながっている人もいた。アートを手がけている人、アートからインスピレーションを得る人、アートに囲まれている人とさまざまだ。仕事でいかにして成功したかを語るとき、彼らがアートに触れたのは注目すべきことだった。

アーティストになる

最初に紹介したいのは、コンピューターの世界の人物である。彼は20代のとき、コーネル大学で学士号を、ハーバード大学でコンピューターサイエンスの博士号を取得し、32歳のとき友人と一緒に最初のアプリケーションサービスプロバイダー（ASP）を立ち上げた。4年後にこの会社は5000万ドルでヤフーに買収された。彼はその豊かな知識、情熱、そしてスタートアップの世界を深く理解していることでよく知られている。起業家は彼が自社のプロジェクトに投資してくれることを期待し、投資家は彼の投資先を知りたがり、企業は拡大するスタートアップ・エコシステムに関する彼の考えに耳を傾ける。彼がいま率いている会社は「スタートアップの始め方を新たに考え出した」と言われている[※4]。

彼の名は、ポール・グレアムである*。

グレアムはテクノロジーの世界で今日、多大な影響力を持つすぐれたリーダーの一人だ。起業家にしてベンチャーキャピタリスト、そしてエッセイストでもある。彼がロバート・モリスと一緒に立ち上げ、ヤフーに売却したのはヴィアウェブ。彼の名を知る読者は限られているかもしれないが、彼のいまの会社は、とくにテクノロジーの世界でよく知られている。

グレアムはYコンビネーター（YC）の共同設立者である。YCは2005年にカリフォルニアのマウンテンビューで立ち上げられたアクセラレーターだ。「フォーチュン」の言葉を借りるなら、

＊ https://www.youtube.com/watch?v=UWh_iAG9cGw

YCは「世界最強のインキュベーター」[※5]、あるいは「テックジャイアント誕生の地」となった。YCがこうした評価を受けているのは、技術系スタートアップの始め方を大きく変えたからである。ドロップボックス、エアビーアンドビー、コインベース、レディットをはじめとするスタートアップ1527社に投資し（2018年現在）、イグジットした企業の時価総額は850億ドルに達している[※6]。YCは成功を収めたと言って間違いない。

だが、私がポール・グレアムをおもしろいと思うのは、彼が起業家・ベンチャーキャピタリストとして成功しているからではなく、絵画を学んだからである。哲学の学士号、コンピューターサイエンスの修士号・博士号を取得してから、彼は絵の勉強をした。

グレアムは若いころからアートと絵画に情熱を抱いていた。伝えられるところによれば、博士号を取得後、彼はコンピューターサイエンスで生活を立て、絵を描いていこうと考えた。ソフトウェア会社でコンサルタントとしてパートタイムで働き、お金が貯まったら仕事を辞め、自分が本当にやりたいこと——アートと絵画——にすべての時間を注ぐ。そして、お金が底をついたらまた仕事を見つけ、同じことを繰り返すのである。

グレアムの思いは本物で、彼はフィレンツェのアカデミア・ディ・ベッレ・アルティとロードアイランド・スクール・オブ・デザイン（RISD）で絵画を学んだ。このことについてグレアムはこう語っている※7。

大学院でコンピューターサイエンスを修めた私は、絵画を学ぶために美術学校に入った。コンピューターに関心のある者が絵にも関心があると知って、多くの人は驚いたようすだった。ハッキングとペインティングは別物――ハッキングは冷静で、緻密で、論理的な作業、ペインティングは根源的な衝動に駆られた表現――と彼らは考えていたようだ。

このイメージはどちらも正しくない。ハッキングとペインティングには共通点が多数ある。実際、私はいろんなタイプの人を知っているが、非常によく似ているのがハッカーと画家である。

ハッカーでもあり画家でもあるグレアムは、自分の経験をもとにエッセイを書き、それをまとめたものが『ハッカーと画家』として出版された。「ハッカーと画家」と題したエッセイはグレアムのブログで読むことができるが、そこで彼は次のように述べている。ハッカーはおもしろいソフトをつくろうとしている。彼らにとってコンピューターは単なる媒体でしかない。アイデアのいちばんの源泉は「コンピューター」分野ではなく、絵画のような別の分野である。

グレアムにさまざまなアイデアを提供してくれたのは、計算理論ではなく絵画だった。ハッカーと画家の共通点、それは、何かをつくることを目指し、よいもの、美しいものをつくるためにインスピレーションを必要としていることである。グレアムは共通点としてほかにも、学び方・仕事の進め方・余暇の過ごし方・共感する力などを挙げている。人生・テクノロジー・アントレプレナーシップ、そしてアートについて書いた彼のブログを、ぜひ読んでほしい。

彼は自分の考えをうまくこうまとめている。

「すばらしいソフトウェアをつくるには、絵画同様、美への徹底したこだわりが必要である」

グレアム、YC、RISDについて述べたので、ここでエアビーアンドビーの話もしておこう。エアビーアンドビーは民泊の仲介をするウェブサイトである。2017年11月の企業価値は310億ドルに達し、目覚ましい成長を遂げている企業の一つだ※8。世界192カ国で400万以上の宿を提供。大手ホテルチェーンのトップ5の総客室数を上回る規模を誇っている。

エアビーアンドビーの設立の経緯は興味深い。創設者は3人だが、うち2人はRISDを卒業したデザイナーである。ジョー・ゲビアはグラフィックデザインと工業デザインを学んで美術の学士号を取得。ブライアン・チェスキーも絵画の模写やデザインに関心があり、工業デザインを学んで美術の学士号を取った。2009年1月にチェスキー、ゲビア、そしてネイサン・ブレチャジックはYCの3カ月にわたるプログラムに招かれ、出資を受けた。

エアビーアンドビーに最初に資金を提供したのはYCだった。興味深いのはこの点だ。グレアムはYCの設立者の一人で、RISDで絵画を学んだ。エアビーアンドビーの設立者と同じ大学である。これは偶然だろうか。そう考えてまず間違いない。だが、この創造的なチームにとって、創造的な投資家に出会ったことがプラスにはたらいたのは確かだろう。

このようなことが2009年にあったというのは実にすばらしい話だ。当時、デザイナーやアーティストの立ち上げた会社に投資する人など、ほとんどいなかった。投資家が求めていたのはプログラマーやエンジニア、MBA、経営学士。デザイナーやアーティストが話をしに行っても、たいてい断られた――面談にこぎつけられればの話だが。

YCはエアビーアンドビーのコンセプトは買っていなかった。しかし、その設立者たちに可能性を見出していた。グレアムはこう述べている。「空き部屋を他人に貸すというアイデアはあまりいいとは思えなかった。どこか変だった。けれども、シリアルの箱（67ページ参照）を見て思った。ここを投資先に選ぶのだろうと」※9。スタートアップと言うと、工学やコンピューターサイエンスを学んだ筋金入りのプログラマーが立ち上げた会社というイメージだが、エアビーアンドビーは違った。設立者はデザインやアートを学んでいたのだ。グレアムは創造的な面も備えていることから、スタートアップの要件にとらわれずに先を見通すことができたのだろう。

研究を進める中で、起業家の中にはグレアム、チェスキー、ゲビア以外にもアーティストがいることがわかった。私はジム・マッケルビーにインタビューする機会を得たが、彼も大きな成功を収めた起業家である。マッケルビーはツイッターを創業したジャック・ドーシーとともにモバイル決済サービスを提供するスクエアを立ち上げた。同社の2018年1月現在の時価総額は180億ドルを超え、ユーザーは200万人以上、売上高は数十億ドルに達している。

マッケルビーはアーティストでもあり、作品を制作している。彼は「実行の人」、そして「クリエイター」であり、さまざまな趣味（インタビュー当時、彼は飛行機の操縦の講習を受けていた）、プロジェクト、仕事で忙しい。プロジェクトの一つが「吹きガラス」で、セントルイスにサード・ディグリー・グラス・ファクトリーという名のガラス工房兼ギャラリーがある。ガラス工芸に関心のある人なら、だれでもそこを訪れることができる。マッケルビーはここでの活動を認められ、アーツ・イノベーター賞を受賞した。

スクエアに話を戻そう。スクエアは、マッケルビーが自分の作品を売ろうとしたが、決済がうまくいかなかったことがきっかけで誕生した。

「パナマの女性が作品を買ってくれることになり、電話の向こうで言うんです……アメリカンエキスプレスで支払いたいって。だからぼくは言いました。『すみません。アメリカンエキスプレスはお受けできません。ビザはお持ちでしょうか』。そしたら『いいえ』という返事が返ってきて……ぼくは『なんてことだ』と思いました。せっかくのチャンスが逃げてしまった」※10

こんな経験をしたマッケルビーはiPhoneのすばらしい処理能力に目をつけて、ドーシーとスクエアを立ち上げた。あるインタビューでドーシーはマッケルビーを次のように評したと伝えられている。「彼こそまさにルネサンスマンだ。やろうと思ったことは何でもやり遂げる。サイエンス・エンジニアリング・アートだけではない。彼は何だってできるのだ」※11。

マッケルビーは、アートとは何であるかを見事に説明してくれた。

「創造性のおかげで人類は前進する。新しいものを生み出すことができなければ、進歩はない。アートは人類に新たな視点を与えてくれると私は信じている」※12

アート教育

「エンジニアリングとアートにそれほど大きな違いはありません」

マリッサ・メイヤー

テクノロジーの世界で成功を収めた人とアートとの関係を見てきたが、そうした関係は別の形でも見ることができる。グーグルはだれもが知っている。グーグル登場以前のインターネットがどのようなものだったか思い出すのは、もうむずかしいかもしれない。

ここでちょっと記憶を呼び起こしてみよう。1990年代には、インターネットを利用するにはまずポータルサイトにアクセスしなければならなかった。ここにはさまざまな情報への「入り口（ポータル）」が集められており、代表的なサイトはヤフー、ウェブクローラー、ライコス、ア

当時のヤフーとグーグルのトップページ

ルタヴィスタなどだった。ニュースやスポーツ、株価、広告など盛りだくさんで、その中に検索バーがあった。コンテンツが過剰なため、検索バーは目につきにくかった。ポータルサイトが「もっと」を目指しているのは明らかだった。

多ければ多いほどよかった。もっと多くの機能、もっと多くの情報、もっと多くのデータ。そして、これが業界標準となっていた。ところが、1998年にグーグルがシンプルですっきりとしたデザインで登場した。それまで人々が慣れ親しんでいたものとはあまりに異なっていたため、試作品テストでは、参加した学生に使い方をきちんと説明しなければならなかった[※13]。シンプルであるがゆえに、かえってややこしかったようである。

グーグルのトップページのシンプルさは、創業以来ずっと変わっていない。真っ白なページに検索バーがあり、その上にカラフルなロゴが収まっているだけ。グーグルは革命だった——検索アルゴリズムを変えただけでなく、あふれんばかりの情報が並ぶトップページを「1ページに1機能、1つの検索バー」という形に変えた。グーグルはシンプルさの陰に複雑さを隠した——しかも、それを非常にうまくやってのけた。

グーグルのデザインがシンプルなのは、創業者のセルゲイ・ブリンとラリー・ペイジにデザインの知識がなかったからだと言われている。大学の博士課程に在学中だった2人はサーチエンジンのテストができる最も簡単なデザインを選んだ。だが、グーグルのデザインの責任者はマリッサ・メイヤーだったことがわかっている。メイヤーはグーグルで、地図・ローカル情報・位置情報サービスを担当するバイスプレジデントなど、多数の重要な役割を担っていた。検索エンジンを中心とするユーザーインターフェイスの改善に10年以上携わり、検索ページに現れる「ドゥードゥル」（祝日や記念日に表示されるロゴ）の決裁をしていたのも彼女である※14。

メイヤーはテクノロジー界のリーダーとして知られている。スタンフォード大学を卒業後、グーグルで長年にわたってユーザーインターフェイスチームを指揮し、エグゼクティブを務め、スポークスパーソンの役割も果たした。スタンフォード大学卒業時には、世界の主要企業13社から仕事のオファーを受け、14番目に届いたのがグーグルからのオファーだった。これが彼女の人生を変えた。

1999年にはグーグルはまだ「インターネット界の巨人」と呼べるような存在ではなく、実際、社員はわずか19人だった。メイヤーはユーザーインターフェイスチームとウェブサーバーチームのリーダーというオファーを受け入れ、20番目の社員、そして初の女性エンジニアとして入社した※15。

メイヤーを成功者として語るとき、よく引き合いに出されるのがこうした事実である。しかし、グレアムやマッケルビーのように、メイヤーもアートとつながりがある。グレアムはアートを学んだが、メイヤーはアートに囲まれていた。彼女はサンフランシスコ近代美術館の評議員であり、ジェフ・クーン、デイル・チフーリ、ロイ・リキテンスタインなどの作品を所有するコレクターでもある。

アートとの関係は、熱心なコレクターになるはるか以前に始まっている。彼女のアート教育は、家庭でスタートした。フィンランド系アメリカ人の母、マーガレット・メイヤーが美術の教師だったのだ。エンジニアと美術教師の娘であることは、彼女の人生に多大な影響を及ぼした。

2014年10月半ばに、メイヤーはセールスフォースのCEOであるマーク・ベニオフと対談した[※16]。ベニオフは、デザインのパワーとインターネットのパワーをどのようにして結びつけたのか、彼女に質問した。そのときのやりとりは次のとおりである。

ベニオフ：あなたはインターネットがどんどん広がり、世界中の人々に影響を与えるだろうと考えた。だが、さらにそこに何か直感的なものを加えた。それがみんなを驚かせたのだと思う。あなたに初めて出会ったとき、私は……彼女にはデザインのセンスがある、そう思った。いろんなことを考え合わせ、このデザインへのこだわりは直感的なものなのだと思った。あなたはデザインをインターネットと結びつけ、それがグーグルをグーグルにした。だれもがそれを知っている。あなたはだれも見たことのないような形でこの二つを一つにしてしまった……どうすればこの二つがあんなに見事に融合するのでしょうか。

メイヤー：それは二人の人物のおかげです。私の母は美術の教師で、父はエンジニア。そんな二人の間に生まれた私は、テクノロジーが大好きです。でも、母のようなすばらしいアーティストではありませんでした。だから、母は私にアートの歴史や、アートやデザインを大切にすることを教えてくれました。でも、実際のところ、エンジニアリングとアートにそれほど大きな違いはありません。この二つはシンメトリーの関係にあります……子どものころからこの二つは、いつも私の生活の一部をなしていました。この二つはいつも同時に存在していました。私の家族の中に、私のロールモデルの中に、この二つが存在していたのですから。

ベニオフ：そんなことを言う人はだれもいなかった。エンジニアリングとアートにそれほど大きな違いはないだなんて。

メイヤーがどのような環境で育ったのか、知る人は少ない。彼女の例を見ると、人生で長期にわたって成功を収めるのに必要な創造性を身につける上で、アートがいかに大きな役割を果たすかがよくわかる。

アートからインスピレーションを得る

「アントレプレナーシップとは仕事ではなくアートである」

スティーヴ・ブランク

アートに関わり、アートとアントレプレナーシップとの関係について学び、それを活かすには、さまざまな方法がある。グレアムはハッカーと画家について語り、メイヤーはアートとエンジニアリングについて語った。だが、やり方はほかにもある。スティーヴ・ブランクのように、アーティストや起業家を観察するのだ。

ブランクは、グレアムやメイヤー同様、シリコンバレーのリーダーである。起業家であり、起業家教育でも知られるブランクは、カリフォルニア大学バークレー校・サンフランシスコ校、スタンフォード大学、コロンビア大学、ニューヨーク大学などで教鞭をとっている。

教育者になる前は30年以上もテクノロジーの世界に身を置き、8つのスタートアップを立ち上げ、経営した。そのうち4社が株式公開している。ブランクは起業家として成功を収めたといって間違いない。

彼の名前を聞いたことのない人も、彼の提唱した「顧客開拓モデル」なら知っているかもしれない。顧客開拓モデルは、スタートアップのための起業・経営法として注目されているリーン・スタートアップの中核となる理論である。リーン・スタートアップのポイントは、アイデアをもとに試作品をつくり、客の反応を確認し、そこで方向転換するか継続するかを決めることにある。この考え方についてはエリック・リース著『リーン・スタートアップ』で詳しく述べられているが、この本は起業家のための現代のバイブルである。リースは、驚いたことにと言うべきか、当然と言うべきか、ブランクの教え子だった。

ブランクは、起業家とは超一流の人々に囲まれ、混沌とした状況の中で働くアーティスト、現実の創造者だと考えている※17。アーティストになるのはむずかしく、起業家になるのもむずかしい。両者のこうした共通点はどこから来るものなのか。ブランクの意見に私の考えを加えて述べてみたい。

起業家とアーティストは似ている

私たちは、アーティストを起業家として、あるいは起業家をアーティストとしてとらえることはほとんどない。製品やサービスを生み出し、最終的に人々の生活を変える人と、絵画や彫刻、映画を制作する人に多数の共通点があるとは考えにくい。会社をうまく経営するには効率性・決断力・大胆さが必要で、こうしたものはアートとは一切関係ないというのが一般的な認識である。ところがそうではないのだ。

起業家は、アーティストと同じように現実をつくり出す。人々が見落としていることに目を留め、それを形にする。私たちがもう「わかった」と思っても、起業家、アーティストはそのさらに向こうに目を向け、知識を活かして何かをつくり出す。iPhoneが登場するまで、私たちは、キーボードがなくても文字を自由に打ち込めることや、自分たちがスマートフォンを必要としていること自体を知らなかった。キュビスムが起こるまで、私たちは別の描き方、世界の新しいとらえ方があることを知らなかった。

アーティストは起業家と同じように、外の世界がどのようなものか、私たちが見てみたいと言う前に見せてくれる。多くの人は変化を嫌い、よく慣れた環境にとどまろうとするが、アーティストは「カオスと秩序の境目」に立とうとする。そして、未知の世界に進んでいく。未知の体験をし、アイデアや限界を押し広げることで、彼らは私たちを取り巻くこの世界の姿をより明確にする。

カオスのすぐそばを進むのは危険が伴うかもしれない。起業家も新製品・新サービスの発表、あるいは新事業の立ち上げをするとき、カオスと秩序の境目を歩くことになる。起業は大半が失敗に終わるだろう。だが、成功すると人々の生活を変える力を手にすることができる。

起業家もアーティストも、全体像をとらえる。彼らは周囲の出来事に影響を受ける。どんな場所もどんなストーリーも、新たな作品・製品・サービスが生まれる大きなきっかけとなる。起業家にとってもアーティストにとっても、世界はインスピレーションの源泉であり、彼らは周囲の状況を敏感にとらえている。鳥のように世界を高いところから見下ろして、全体を観察・分析・理解しているのかもしれない。彼らは世界の出来事に反応する。チャンスを見出し、それを追求するのである。

既知の世界から未知の世界へと進んでいくには、「情熱」がなければならない。私たちを導いてくれるものは何もないからだ。起業も同じである。「自らの情熱に従うとよい」とよく言われるが、それはなぜだろう。

ここで、自己診断をしてみよう。金曜の午後になり、1週間の仕事が終わった。あなたは疲れ果て、夕方になって家に帰ることだけを考えている。「金曜の午後が待ち遠しい」。そんな経験がよくあるだろうか。あるいは、週末に家にいて、「早く仕事に戻りたい」と思うことはあるだろうか。正直に答えてほしい。

満足できる成果を挙げながら1週間働くと、どんな気持ちがするだろう。客が喜び、自分も笑顔になる。これが情熱だ。情熱のある人は、目覚めたとき、気力が充実している。肉体的には疲れていても、ワクワクしながら仕事に励み、見込み客に会い、次のプロジェクトにとりかかる。意欲に満ちているのだ。

「仕事は人生の大部分を占める。本当の満足感を得るには、自分ですばらしいと思える仕事をするしかない。そして、すばらしい仕事をするには、自分の仕事を愛するしかない……」

スティーブ・ジョブズ

起業家の多くはアーティスト同様、長時間働いても成果を出せない。大半の起業家は自信を失う。批判にさらされ心が折れる。私は自己啓発の専門家ではないが、情熱に従うだけでは十分でないことを知っている。確かに情熱は必要だが、十分と言うにはほど遠い。成功は行動・根気・努力の上に築かれる。情熱があっても、適切な計画・行動・実行・努力が伴わなければ、それは趣味の域を出ない。だが、情熱がなければ、まだ何の成果も出ないうちにエネルギーが切れてしまうのだ。

起業家の多くが肉体的疲労を感じている。だが、朝には気力が充実し、高速列車のようなたくましさと勢いを備えているものと信じている。収入がなかろうと、道が険しかろうと、指導者が疲れ切っていようと、情熱があれば、私たちは前進することができる。

次に、アーティストと起業家は、この情熱を「執念」に変えなければならない。執念という言葉には、心の偏りを感じさせるマイナスのイメージがある。そこでオックスフォード英語辞典で調べてみると、「頭から離れない、あるいは、いつも心に入り込んでくる思い、考え」という意味が見つかった。おもしろい。偉大なアーティスト、偉大な起業家を駆り立てるのは、まさにこれである。

執念は不健康である必要はない。執念はプラスの方向にはたらかせることができる。そうすれば、人生の目的を定めることが可能になる。人生の目的を見つけるには時間・忍耐力・開かれた心・好奇心・実験が必要である。情熱を無理やり見つけることはできない。起業家なら、自分が解決しようとしている問題に夢中になって取り組まなければならない。起業家は解決するまでやめはしない。目標にとりつかれるのだ。

アーティストも同様である。「私は自分の絵のことだけを考えている。考えるのをやめたら、気が変になってしまうだろう」。クロード・モネはこう言った。アーティストは、技法やテーマ、あるいは自分がいつも抱いている疑問にとりつかれるのだろう。問題・アイデア・製品・目的・目標にとりつかれた人は、それを解決・成就することにとりつかれることになる。

新製品・新サービスの提供、新事業の立ち上げを目指している人は、暗闇の中を歩いている。未知数だらけの混沌とした環境の中で働いている。しかし、彼らにはビジョンがあり、自分がどこに向かおうとしているのかわかっている。まだきちんとした計画が定まっていなくても、不安定な状態や予想外の事態に見舞われることに不安はない。それは自信があるからだ。いまあるツールと直感を使えばやり抜くことができると考えている。

混乱した、不確実性に満ちた人生で成功を収めるには、信じることが必要だ。「アーティストにとって『正しいことをする』とは、いくつかの選択肢の中から論理的な選択をすることではなく、その瞬間、何が正しいかを感じとることである」とジョン・マエダは言う。アーティストは、直感に従って行動する。彼らは何をすべきかすべて考えておくのではなく、まず行動し、次に何をするか考える。これではまるでギャンブラーで、何の計画も立てずにリスクを負っているかのようだ。しかし、アーティストには直感的に何が正しいかを感じ取る力があるのではないか。

起業家についても同じことが言える。起業家の大半は、だれも足を踏み入れたことのない領域で働くことになる。アーティストの場合と同様、どう舵取りをすればよいのかだれも教えてくれない。起業家は自分の直感と判断を頼りに正しい選択をし、道を切り拓いていくしかない。データ分析や徹底的な調査をした上で決定を下すような環境にいると、感性に基づいて判断するなど、おかしな話に思えるだろう。しかし、科学技術が急速に変化し、ビジネスモデルが一夜にして崩れ、新しいライバルがどこからともなく現れるいまの時代、データだけに頼っていくことはできない。さまざまな選択肢を取り上げ、じっくり検討する時間が私たちにはない。

神経科学の世界的権威であるアントニオ・ダマシオは、意思決定が冷静な分析的プロセスではないことを発見した。ダマシオによると、意思決定には感情が重要な役割を果たしている。私たちは、「感情は非合理的な衝動であり、感情に従うと道を誤る」と考えるよう教え込まれている。ビジネスの「専門家」からは感情を交えず決定を下すよう言われる。しかし、私たちの右脳には、直感という特別な感覚が備わっている。私たちには感じる力があり、推論しなくてもものごとをとらえることができる。研究によると、複雑な問題を論理的な方法で解決できないとき、経営者は通常、直感に頼る。求められている決定が複雑であればあるほど——そして時間が少なければ少ないほど——私たちは直感に頼ることが多くなる。

だが、データ重視の人たちが困惑しないうちにつけ加えておこう。直感には落とし穴がある。直感は間違っていることが多い。私たちは人間であり、先入観にとらわれることがあるからだ。私は、直観と分析を組み合わせるとよいと考えている。この二つを使えば、成功の可能性が高まるだろう。データを確かめた上で、直感をはたらかせて判断を下すのである。

情熱・執念・不確実性への対応、そして、さらに求められるのが、さまざまな制約を受けながらもやっていく能力である。起業家は十分とは言えない環境の中で働くことに慣れている。そして、お金や人手・時間・製品・配送手段が不足する中、うまく都合をつけて会社を回していくことを学ぶ。重要なのは、いまあるものを使って何ができるかではなく、何をするかである。

一例を挙げよう。2008年のアメリカ大統領選のキャンペーン中、2人の若い起業家が観光業界での事業を継続するため、資金調達の必要に迫られていた。当てにしていた資金が入ってきそうになかったので、2人は別の方法を検討し、デザインが得意だったことから、それを活かして稼ぐことにした……シリアルを売って。彼らはシリアルの箱を2種類つくった——一方にはオバマの、もう一方にはマケインのイラストをあしらった。デザインを考え、箱の納入業者を見つけ、箱を組み立て、シリアルを詰める。すべての作業を2人だけでこなした。

用意したシリアルをほぼ完売し、2人は3万5000ドルの調達に成功した。エアベッドアンドブレックファースト、つまり、エアビーアンドビーはこの創造的なアイデアによってYCの関心を引き、２００９年１月のプログラムに参加することができた※18。柔軟性があり、創造的で、常識にとらわれない。これが起業家である。

制約のもとでやっていくのはアーティストも同じだ。その例を次に挙げよう。

１４０１年に、フィレンツェの毛織物商組合は、この都市で歴史的に最も重要な建物であるサン・ジョヴァンニ洗礼堂の扉の制作を決めた。すぐれた彫刻家を見つけるために、組合は制作者を公募。応募者は７人で、最後に選に残ったのがフィリッポ・ブルネレスキとロレンツォ・ギベルティだった。組合はどのような扉を希望しているか、こと細かに注文をつけた。一定量のブロンズを渡し、題材は「イサクの犠牲」と決め、人物の数や人以外に何を加えるかも指定し、さらにどのパネルも四つ葉飾り（ゴシック様式のデザイン）の中に彫刻を収めるよう命じた。

ブルネレスキは多数の制約を受けながら制作を進めた。フィレンツェのバルジェロ美術館でいまでも見ることのできるこの青銅パネルは、「最初のルネサンス美術」と呼べる作品であり、これによって彼はアーティストとしての名を確立した。

起業家とアーティストは制約のもとで努力する

新しい領域に入っても、「批判は無視したほうがよい」ということにはならない。アーティストは、とくにアート系の学生は、さまざまな批評を聞くのに慣れていて、有用なフィードバックを取り入れて作品をよいものにしていく。起業家も批判を受け入れると、製品もプロセス全体もはるかによいものにすることができる。これがリーン・スタートアップの原則――フィードバックを受けて改善するというプロセスを繰り返す――である。

製品に他者の意見を反映させるにせよ、いまのままでいくにせよ、フィードバックを受けることで、起業家は自信を持って判断を下し、よい方向に進んでいける。これでよいのだと納得がいく。起業家は新しいことに取り組んでいるので、「最終的にどういう形にするのか」を計画できているとは限らない。アーティストも同じだ。彼らは考えながら進んでいく。制作を開始し、制作しながら次はどうするかを考える。彼らは必要なときに正しい判断が下せるものと信じている。自分を信頼しているということだろう。

もちろん、正しいことをしたはずなのに、失敗に終わるケースもある。多くの社会で人は、「あきらめる」「失敗を避ける」「勝負はこれからというときに手を引く」ことを覚えてしまった。失敗は暗雲とみなされ、なんとしても避けなければならない、失敗するくらいなら何もしないほうがましだと考えられるようになった。そんなことでいいのだろうか。

私たちは仕事で失敗すると、「自分はダメな奴だ」と考えがちだ。だが、「失敗（failure）」という言葉を人と関連づけたり、不出来という意味で使ったりするようになったのは、近代に入ってからである。スコット・サンデージが著書『負け組のアメリカ史』で述べているように、failureは、もとは「経済活動の破綻」を意味する語で、人のことをとやかく言う語ではなかった。現代では、期待通りの成果を上げないと、このレッテルを貼られる。しかし、成功について私たちに多くを教えてくれるのは、失敗なのである。

成功を収めた起業家は、自分がどんな失敗をし、そこから何を学んだかを語ってくれるだろう。スタートアップの世界は、古くから失敗を歓迎し、すばらしい会社を築く上で失敗がいかに重要かを理解していた。だから、どこに行っても失敗談を聞くのだ。カンファレンスでは失敗がテーマになる。イベントでは失敗について語られる。失敗を競うことさえある。メディアでも失敗が取り上げられ、本を開くと、失敗について延々と述べられている。起業家として成長するには失敗を経験することが必要だ。私が話を聞いた起業家の多くは、失敗を失敗と考えておらず、むしろ「学習過程の一部」ととらえていた。直感、あるいは「第六感」は、失敗と成功を繰り返すことで身についていくものである。

アーティストもよく似た状況にある。なかなかよい作品ができない。作品を受け入れてもらえない。制作が行き詰まる。当初のイメージとかけ離れている。どんなにがんばっても完成の域に達しない。だが、アートの世界の人々は、スタートアップの世界と同様、失敗を活かす術《すべ》、失敗をプラスに変えて新しい方向に進む術を身につけている。

困難な時期を失敗とみなすのではなく、前向きにとらえると、あれこれ試し、さまざまなことを改めて問うことが可能になる。たとえば、フランスの印象派の画家と「落選展」だ。落選展は、サロンの審査員に認められなかった画家たちのために開かれた展覧会で、革新的な作品が展示され、印象派形成の契機となった。印象派の作品は人気が高いが、19世紀末にかけて、美術界にも大衆にも認められていなかったのだ。

ここまで述べてきたことは、アーティストにも起業家にもあてはまる。だが、こうしたことはビジネススクールでも職場でも教えられない。資源やツール・手法・よりよい教育を提供すれば、起業家の数は増やせるかもしれない。しかし、本当に結果を出すなら、創造的な人々の考え方を理解し、人もそれを身につけられるようにしなければならない。いまを超えるには、こうした考え方とツールが必要なのである。

テクノロジーの世界のすぐれたリーダーの多くがアートとつながりのあることを知って、私は考えた。これは偶然だろうか。成功と言うと、どの大学で学んだか、どこで育ったか、どの会社で働いていたかといった事実に私たちは目を向けがちだが、それはなぜなのか。どうすれば人生の成功者になれるか、どうすれば幸福になれるか、どうすればあの憧れの仕事につけるか。それらを示してくれる「地図」を私たちは探しているのだろうか。だが、本当にそういう地図があるのなら、だれもがそこに示された道をたどって、すでに宝を手にしているはずだ。

一流大学は毎年どれほどの卒業生を送り出しているのだろう。主要なハイテク企業の従業員は一体どれほどいるのだろう。グレアム、チェスキー、メイヤー、ブランクのような業界を一変させる人はそう多くはない。成功を後押しするのはおそらく、「絵画教室に通っていた」「美術教師の親に育てられた」「趣味がアートだ」など、あまりはっきりとしない要素なのだろう。成功を収めるには、その分野のエキスパートとなるだけでなく、アートのような創造的要素も必要であることを、私たちは認識しなければならない。

そうした例はほかにもある。それについては後ほどお話しすることにして、ここでは次の点について考えてみたい。従来のように経営を学んだだけでは、起業家として十分ではないのだろうか。起業というものが、右脳と左脳をバランスよく使う創造的な人々を引きつけるのだろうか。

この問いに対する明確な答えは、まだ出ていない。これは博士論文を書くのに格好のテーマかもしれない。しかし、一つだけ言えることがある。それは貴重な発見だった。私は数々の事例から、この結論に達した。

創造的で革新的な企業などというものはない。そんな企業は存在しない。**存在するのは、そういう企業をつくる創造的で革新的な人々である。**すべては人から始まるのだ。

ミネルバは科学と芸術の女神である

「科学と芸術はコインの裏と表でもなければ、連続体の別々の部分でもない。むしろ、この二つは同じもので、それが異なった現れ方をしているだけ。

「芸術も科学も、人間の創造性の化身なのです」

メイ・キャロル・ジェミソン
（宇宙を飛行した初めてのアフリカ系アメリカ人女性）

起業家とアーティストは比較のしようがなく、科学者とアーティストも比較のしようがない。これが一般的な考え方である。しかし、イノベーションと創造性について論じるとなると、「サイエンス」の果たす役割を無視するわけにはいかない。科学者は、すべての人に影響を及ぼす自然現象を発見して私たちに周囲の世界を理解させ、人の生活を変えてしまう。こうしたサイエンスが、企業のイノベーションを支えている。

一般の人には、アートとサイエンスは相反するもののように思われる。アートとは感情や表現を扱うものであり、サイエンスとはデータや現実を扱うものだからだ。しかし、歴史をたどると、この二つは密接な関係を保ってきたことがわかる。両者はともにあった。ダ・ヴィンチについてはすでにお話ししたが、彼のような人物はほかにもいる。アントン・チェーホフは医師・劇作家で、短編小説も書いた。アレクサンドル・ボロディンはロマン派の作曲家だが、医師・化学者でもあった。例を挙げればきりがない。

19世紀末になると、アートもサイエンスも形式化・専門化し始めた。そしてこれが進行すると、両者の間に亀裂が生まれ、もはや一緒には存在できないところまで亀裂は広がった。イギリスの物理化学者、C・P・スノーは、「二つの文化」と題した有名な講演でこう語っている。

「無理解、ときには敵意と嫌悪という溝が両者を隔てている。だが、いちばんの問題は互いに理解しようとしないことだ……両者の態度はまったく異なり、感情レベルでさえ共通点はほとんど見られない」※19

ありがたいことに、このようなとらえ方は変わった。現代の科学者の中には、神経内分泌学の先駆者、ロジェ・ギルマンや、理論物理学者でノーベル賞を受賞したアメリカの故リチャード・ファインマンのように、絵を描く人がいる。2人はアートとサイエンスの両方の分野で活動し、両者をごく当たり前のようにつないだ。

アートとサイエンスがつながりを取り戻していることは、次の章で詳述する「アーティスト・イン・レジデンス」プログラムというコンセプトが、サイエンス分野の研究機関の間に広がっていることからもわかる。多くの分野で秀でた人、アートとつながりのある科学者、サイエンスとつながりのあるアーティストが、どんどん受け入れられるようになっているようだ。

アートは——実際に作品を制作するにせよ、別の形で関わっているにせよ——科学的な思考を育て、ブレイクスルーを促す。アートが科学的ブレイクスルーにつながると言われてもピンとこないかもしれない。アートがサイエンスを育てたおもしろい例をいくつか挙げてみよう。

ブルネレスキが線遠近法を発見したことは序章で述べたが、線遠近法はアートの世界だけでなく、近代科学にも影響を及ぼした。アートのために考えられたこの手法が、西洋の科学技術や科学の発展に大きく寄与したのである。ガリレオが月の形を知ることができたのも、線遠近法のおかげだった。

当時、発明されたばかりの望遠鏡——「パースペクティブ・チューブ」と呼ばれていた——を使って宇宙を観測していたのは、ガリレオだけではなかった。ガリレオはなぜアリストテレスの時代から正しいとされてきたことに疑問を抱いたのだろう。なぜ月は完全な球体であるという考え方に異議を唱えたのだろう。それは、彼の望遠鏡の性能が高かったからなのか。彼のほうが科学をよく理解していたからなのか。

美術史家のサミュエル・エジャトンは、こうした考え方を否定する。エジャトンは、アートとサイエンスがいかに強く結びついているかを明らかにする研究を続けてきた。光学的なたとえを交えて説教をした聖アントニノ、絵画の新しい技法を示したフィリッポ・ブルネレスキ、数々の発見をしたガリレオ。エジャトンは線遠近法が誕生し、これによって世界がとらえられるようになるまでを語ってくれる。

エジャトンは著書『The Mirror, the Window, and the Telescope』で、線遠近法によって宇宙のとらえ方がどう変わったかを、ガリレオを例に挙げて述べている。ガリレオが透視図の書き方を知らなかったら、月を観察中に目にしたものをどう理解すればよいかわからなかっただろうとエジャトンは言う。その透視図は、ブルネレスキが再発見して改良した手法と同じものだった。

29歳のとき、ガリレオはフィレンツェにあるアカデミア・デル・ディゼーニョへの入学を許可された。このアカデミーでは絵画・彫刻・建築が教えられ、文学や科学・哲学に関する対話も行われた。ガリレオはそこで線遠近法と明暗法（明と暗の対照効果によって立体感を出す方法）を学んだ。遠近法を身につけていたおかげで、彼は月を観察したとき、暗い部分は月の山によってできた影であることがわかった。彼は月のイラストが入った『星界の報告』を出版。月は当時信じられていたような「永劫の真珠」ではないことを示し、「その表面には地球と同じように山脈や谷があると述べた[※20]。

ガリレオはアカデミー在学中、ルネサンスの精神を発揮して、数学的・科学的に描く力を伸ばすことに力を入れた。これはアートのためだけではなく、アートをサイエンスに活かすためだった。ガリレオが遠近法の知識を活かして発見したのは月の形だけではない。彼は月にある山の高さを求めた。

太陽に照らされる山頂や影を観察し、ピタゴラスの定理を使って、ガリレオは山の高さをおよそ4マイル（約6・44キロメートル）と割り出した。17世紀半ばにこのような発見をするとは信じがたいことである。ガリレオによって天文学の新しい道が切り開かれ、それまでだれも想像しなかったような事実が明らかにされていったのだ。

アートとサイエンスの出合いがブレイクスルーへとつながった例は、ガリレオの時代から200年ほどたったころにも見られる（その間、特記すべきことが何もなかったという意味ではない）。

月の表面を写した写真と、ほぼ同じ部分を描いたガリレオのスケッチ

このとき新技術を生み出したのは、画家から科学者・発明家に転身したサミュエル・モールス。モールスは1838年に電気通信の原型となる電信機を初めて公開した。

発明家になる前のモールスは、画家として名を成していた。アメリカで生まれ、1810年にイェール大学を卒業後、初めはボストンで、次はロンドンの王立芸術院で絵画を学び、ヨーロッパで見たルネサンス期の巨匠の作品に大きな影響を受けた。モールスはアメリカの文化と生活の本質を絵画でとらえようとした。

当時、アメリカ人の大半はヨーロッパを訪れる機会がなく、アメリカの美術館の数も限られていたことから、ルネサンスのすばらしい芸術に触れることはほとんどなかった。このため、モールスに言わせると、アメリカ人の趣味は洗練されていなかった。彼はアートに対するアメリカ人の理解を深め、鑑賞力を高めようと決め、1825年にニューヨークでナショナル・アカデミー・オブ・デザインを設立して所長に就任した。アカデミーは、シンプルだが大きな目標——展覧会と教育を通じてアメリカに美術を広める——を掲げ、美術は建築・造園・詩・音楽と同様にすばらしいものであることを説いて、アーティストの育成を行った。

1830年から1832年にかけて、モールスはヨーロッパを回って絵の修行をした。ところが、不思議なめぐりあわせで発明家に転身することになった。アメリカに帰る船中で、ボストンの医者、チャールズ・トーマス・ジャクソンに出会ったのだ。ジャクソンは科学者でもあり、自分の作った電磁石を見せてくれた。モールスはそれを見て考えた。電気回路を開閉し、メッセージを信号として送り出す。そして、その信号を、電磁石を使って紙に記録する仕組みをつくればよいのではないかと。

アメリカに帰ったモールスは、他の科学者と協力し、1837年に電信機を発明した。おもしろいことに、彼はカンバスの木枠を利用してこのプロトタイプをつくった。これは革新とアートとの融合であり、画家から電信技手への転身を物語るものであった。

1年後の1838年、歴史的瞬間に立ち会った人々がいた。モールスが新しい電信機の公開実験を行い、メッセージを遠くまで送ることに

モールスによるカンバスの木枠を使った最初の電信機

成功したのである。この電信機は、情報をモールス符号を使った電気信号に変えるもので、それまでの腕木通信（視覚による通信。腕木と呼ばれる棒を3本組み合わせたものを使って信号を送る）よりすぐれていた。実験の6年後、モールスはワシントンD.C.の連邦議会議事堂内に置かれていた最高裁判所の一室からボルチモアに「神のなせし業《わざ》」という聖書の言葉を送信した。そして17年後、大陸横断電信線が完成する。

新しい技術を開発しようとするモールスのひたむきさは、彼の作品、とくに最も有名な『ルーブルのギャラリー』にも見ることができるのではないだろうか。北アメリカとヨーロッパを——アートを通して——つなぎたいというモールスの熱い思いから、この作品は生まれた。ルーブル美術館のすばらしさとそこにある

モールス『ルーブルのギャラリー』

名画がこの作品によって伝えられ、アートと文化が新世界で花開くことになった。

彼の業績を見ていると、ルネサンスの時代の人々と同じような「突破口を開く能力」がうかがえる。モールスの作品は現在、ブルックリン美術館、シアトル美術館、イェール大学アートギャラリー、プリンストン大学美術館などで見ることができる。

画家から科学者に転身して大きな功績を残した人物が、モールスの少しあとの時代にもいる。スペインで生まれたその人物は、子どものころ、素描・スケッチ・絵画が好きで、紙・本・壁・門・ドア・建物の正面など、どこにでも絵を描いた。彼の父親はこの「画狂」とも言えそうな異常なまでの情熱をよく思わず、熱を冷まそうと、彼を徒弟に出し、何度も懲らしめ、画材を取り上げた。それでも彼は描かずにはいられなかった。

16歳の夏、彼は解剖学というものを知った。これが彼の人生を変え、歴史を変えた。創造性を発揮し、アートをサイエンスに活かして新しい道を開いたのである。

その人物とは、現代神経科学の父と呼ばれるサンティアゴ・ラモン・イ・カハルである。彼は当時の生物学分野でチャールズ・ダーウィンに続く存在として知られている。ダーウィンほど有名ではないが、神経科学の発展に計り知れない貢献をした。彼のいちばんの功績はニューロンの発見。それが認められて1906年にノーベル賞を受賞した。ニューロンは、神経系を構成する最も基本的な単位である。

カハルは視覚的記憶がすぐれていたが、当時は丸暗記する能力より視覚的記憶のほうが基本的に重要だった。現代のような顕微鏡がまだなかった時代には、外科医は人体を深く理解しておく必要があった。そして、記憶を頼りに手術をしなければならなかった。だが、カハルのおかげで、いつでも必要なときに参照できる価値あるテキストが生まれた。

カハルの人生では、アート、とくに絵画と素描が重要な位置を占めていた。絵画と素描に対する熱い思いから、彼は最も美しい科学的イラストを描き、神経系の構造を示す一連のスケッチを残した。彼の絵は解剖学で重宝され、脳細

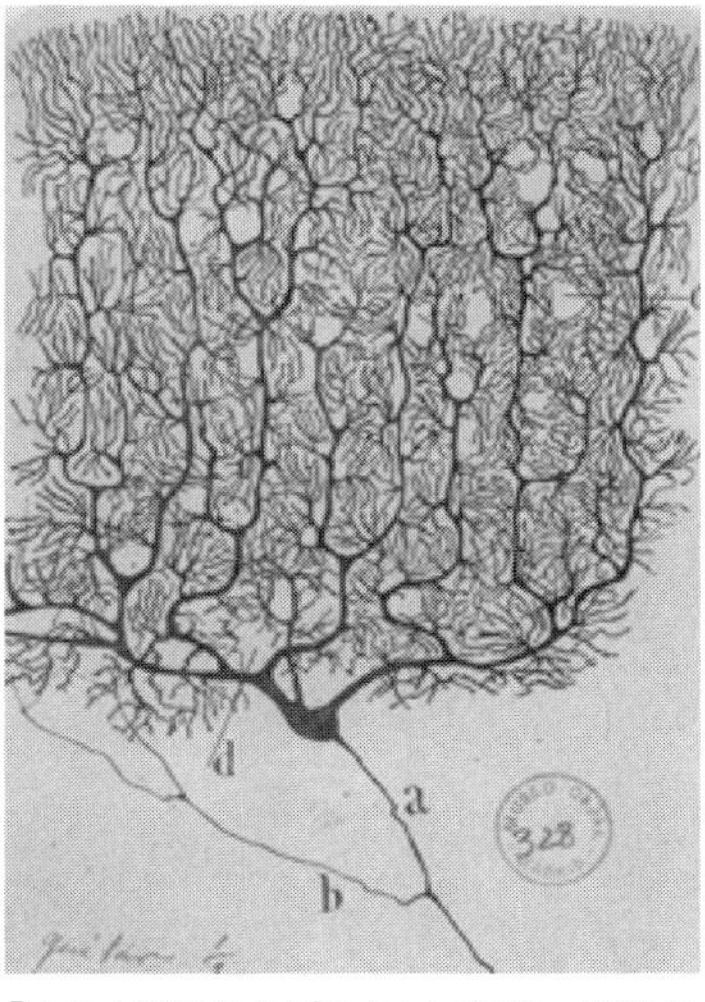

『人の小脳にあるプルキンエ細胞』1899年

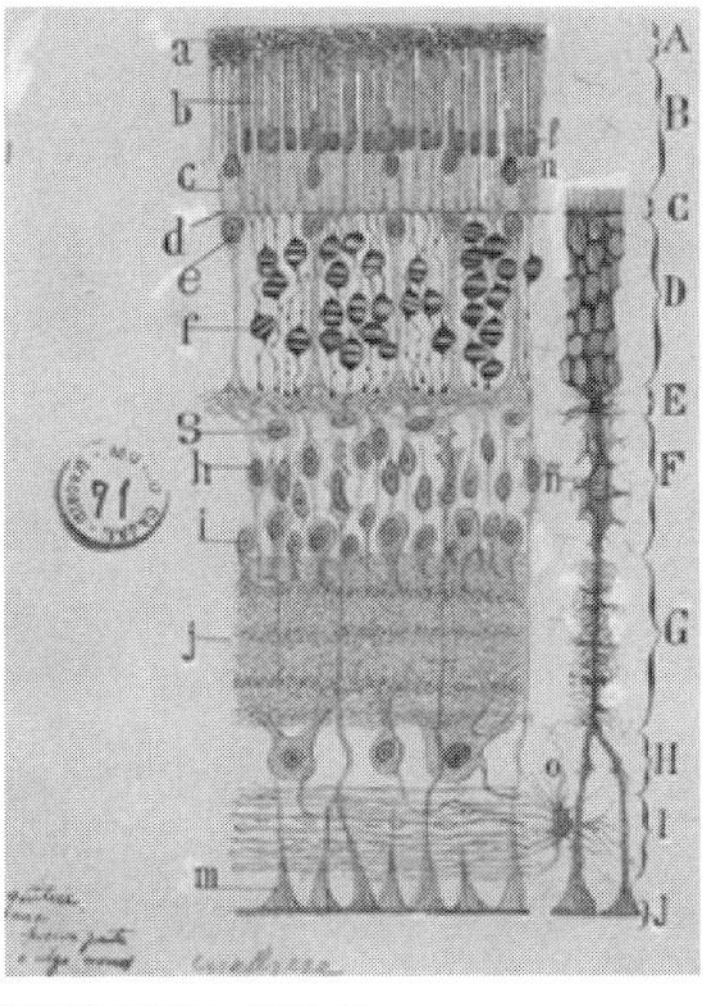

『網膜の細胞』1904年

胞を描いた何百枚ものスケッチは、いまも医学教育で使われている。

アーティストの視点と科学者の視点を活かしたカハルは、自分の描いたイラストをもとに、ニューロンとは何かを明らかにすることに成功した。彼の絵のおかげで、人は脳や神経系をより深く理解することが可能になったのである。

ガリレオ、モールス、カハルはアウトライヤーなのだろうか。彼らの成功の背景にアートがあったのは、単なる偶然だろうか。あるいはアートとサイエンスは関連があるのだろうか。アートとサイエンスが生み出そうとしているものは異なるが、生み出すまでの過程は驚くほどよく似ている。想像・直感・実験・探索・満足・失望。アーティストも科学者も、こうしたことを繰り返しながら何かを創造するのである。

20世紀後半に行われた多数の研究が、アートとサイエンスの間に直接的なつながりがあることを示している。美術のような別の分野にも関わっているほうが、科学的成功を収める確率が高いという統計結果が出ているのだ。

ミシガン州立大学の生理学教授、ロバート・ルート・バーンスタインは、アートとサイエンスの関係をテーマに研究を続けている。数々の研究論文や著書があるが、その中で彼は「サイエンスとアートの相互作用」について述べている。ノーベル賞受賞者と他の科学者のバックグラウンドを比較する研究があるが、これはサイエンス分野での成功とアート分野での活動に関連があるかどうかを調べる目的で行われた。そして、もし関連があるなら、アートが科学的成功にどのように影響するかも明らかにしようとしていた。

研究の対象となったすべてのノーベル賞受賞者の中には、アート——絵画・楽器演奏・写真・演劇・ダンス・ドローイングなど——に熱心に取り組んでいると自ら述べる人たちもいた。片寄りが生じないよう、対象者は１９０２年から２００６年まで、さまざまな年代に散らばっている。

研究の結果、アートは科学者の成功に大いに関係があることが明らかになった。ノーベル賞受賞者には、他の科学者や一般の人々に比べて、アート関連の趣味を持つ人がはるかに多かったのである。ほぼ3倍もいたのだ。ノーベル賞受賞という事実に示されているように、彼らはその分野を極めているが、さらに、幅広いスキルも身につけていた。ルート・バーンスタインらは、彼らの芸術的創造性が実験能力を高め、研究にもプラスにはたらくのだろうと結論づけた。彼らはさまざまなパターンに慣れていて、ツールの操作に長《た》け、手と目をうまく協調させる。

研究では、アートの影響力はアートの種類によって異なるかも確かめられた。つまりノーベル賞受賞の確率がアートの種類別に調べられたのである。その結果、絵画・彫刻などの視覚芸術を趣味にすると、ノーベル賞受賞の確率が7倍になることがわかった。写真は8倍、演劇・ダンス・奇術などのパフォーマンスは実に22倍である。驚くべき結果だ。

ノーベル賞の受賞にはＩＱが関係していると多くの人は考えているが、そうではない。科学の歴史を見ればわかるように、ＩＱが１２０以上で一つの分野に秀でていても、ほかはさえないということもある。仕事で成功するには、さまざまな分野に通じていることが求められる。つまり、ＩＱが１２０で、アート・詩・音楽・チェスなどをやっている人のほうが、ＩＱが１５０で何の趣味もない人より成功を収める確率が高いのである。科学者は、創造的な趣

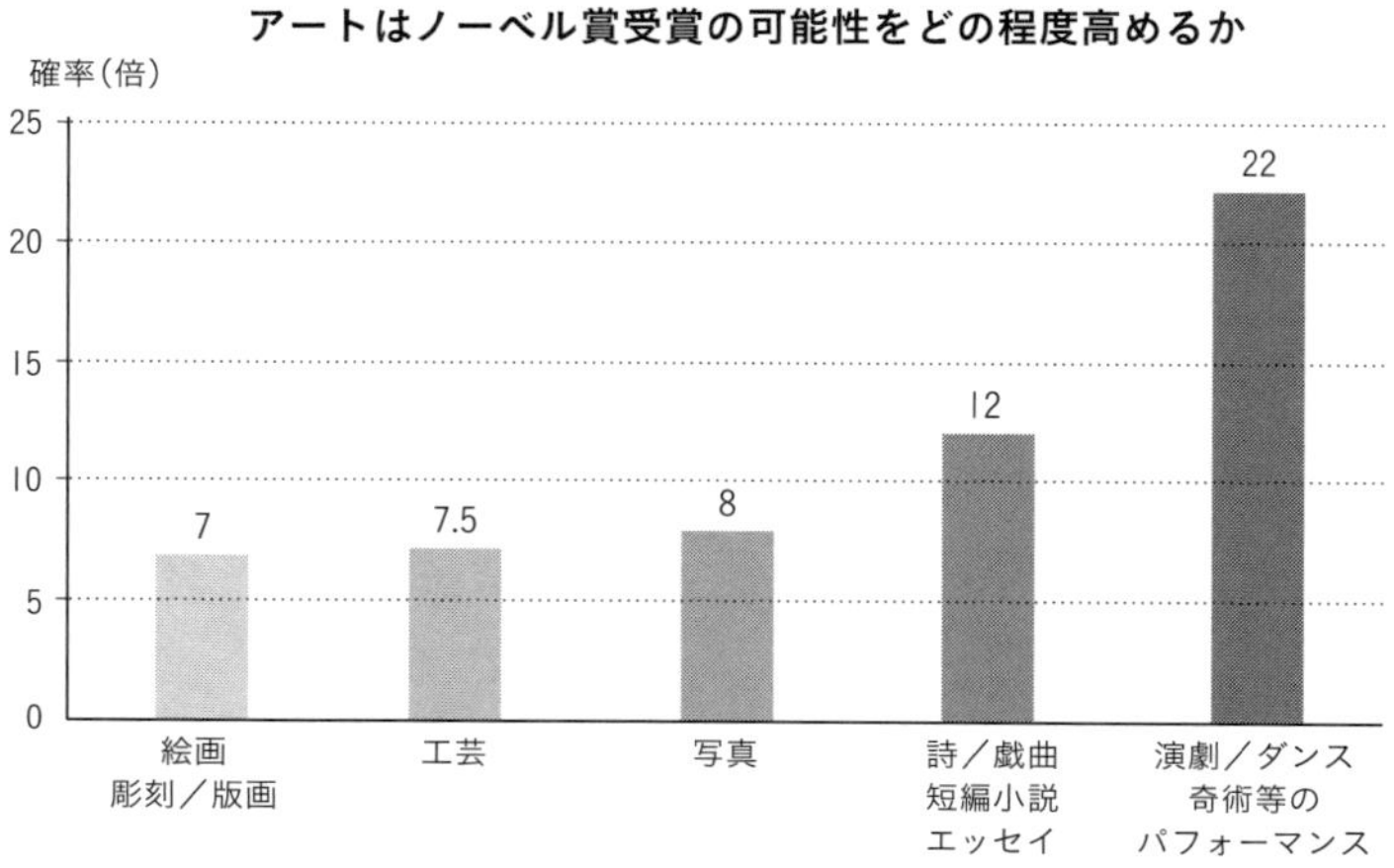

味が多いほど、仕事で成功する可能性が高くなる[※21]。

こうした研究論文を読んで私は、なぜ科学者がアートに魅かれるのだろうと思った。偉大なアーティストは科学者同様、人の脳について何かを理解している。理解していなければ、私たちの脳を刺激して作品のとりこにすることなどできなかっただろう。

人が美術や音楽に触れて美しいと感じるとき、脳の中で何が起きているかを研究する新しい学問分野が生まれている。先ほどの、なぜ科学者がアートに魅かれるのかという問題に話を戻すが、サイエンスは系統立った、データ重視の、言葉や数字に基づいた分野で、問題の解決には数学的ツールが使われると考えられることが多い。しかし、歴史やさまざまな研究を見ればわかるように、科学者は研究に取りかかる前に、それがどのようなものになるか、頭の中で「見ている」。さまざまなアートに関わると、さまざまな「見る」方法が身につく。

素描・絵画・写真をはじめとする二次元の視覚芸術は、問題解決能力を養うのに適しているとされている。彫刻のような三次元のアートは非言語的思考とつながりがあり、空間やプロセス・テクスチャー・動きに対する理解を深めると考えられている。

こうしたことを知っても、とくに驚きはしない。成功を収めた科学者が、「言葉や数字より、想像力を創造的にはたらかせるほうが重要だ」といつも語っているからだ。

「想像力は知識より重要だ。知識には限界があるが、想像力は世界を包み込む。そして進歩を促し、進化を引き起こす」

アルベルト・アインシュタイン

これは、科学者にもそうでない人にも、雇用者にも社員にも、いずれもあてはまることである。これからは、アーティストや科学者を「クリエイター」としてとらえるのがよいだろう。「新しい才能や革新的な科学者を採用しよう」「能力のある社員をもっと鍛えよう」と思うなら、アート・哲学・ヨガ・瞑想など、心と体を再生させるものに深く関わっている人物を選ぶべきである。

すばらしい業績を上げた科学者とそうでない科学者の知的能力は変わらない。彼らの分かれ目は、思考する際、さまざまな思考過程、たとえば、視覚的・運動感覚的・言語的過程をたどっているかどうかにある。「無関係」な領域にエネルギーを分散させるのは、焦点が定まっていないように思えるかもしれないが、こうすることで知識やスキルが身につくのである。カハルは、「アートへの情熱が研究を後押しした」と言う。
「研究者には二つのものが備わっているだろう。それは、彼を探索へと駆り立てるアーティストのような気質、そして、数字・美・ものごとの調和に対する感嘆の念である」※22
もちろん、研究の対象となった科学者が、アートによって認知能力を高めたのか、すでに持っていた能力を使っただけなのかははっきりしない。だが、アートに関わると科学的成功を収める可能性が高まることはわかった。これを踏まえて、私たちは今日の教育システムについて改めて考え、教え方や次世代のイノベーターたちが使っているテキストを見直す必要がある。

アートかサイエンスのどちらかの世界にいる人は、この二つの世界の相違点ではなく、類似点をはるかによく理解している。アーティストや科学者は現実離れしているかもしれない。深遠な問題について考え、頭の中に想像の世界をつくり出すからだ。彼らはとてもよく似ている。私はこんな言葉を聞いたことがある。
「科学者は人が世界を理解するのを助ける。アーティストは人が理解することのできる世界をつくり出す」

カハルの死後、彼の兄弟はこう書いている。「彼は科学という城に入って数々の功績を挙げたが、アートへの思いを断つことはなかった。彼はアートという扉から城に入った。ミネルバが科学とアートの女神であるのは偶然ではない」

人工知能

「アートの役割について論じたすぐあとに、なぜ人工知能（ＡＩ）の話が続くのか」と思う人がいるかもしれない。本書の最初の2章は個人に関する話で、「ルネサンス的」思考について伝えたいと思っている。本書を読み終えるころには、これからの時代を生き、とくに職場で機械とは別の存在になるためには、創造的なルネサンス期の人々のような考え方とスキルが必要になることがわかるだろう。

ここ数年の間に、ＡＩはすべての人に、少なくともぼんやりとは理解されるようになってきた。ＡＩはさまざまな本や映画に登場している――『２００１年宇宙の旅』（１９６８年）、『ウエストワールド』（１９７３年）、『ブレード・ランナー』（１９８２年）。挙げればきりがない。このような想像の世界、ハリウッド映画で描かれる、ロボットが世界を征服する時代はまだまだやってこないといつも思える。ところが、２０１８年にＡＩは現実のものとなった。それはどの程度、実際的なものなのか、また、なぜそれはチャンスである一方で、大きな脅威でもあるのか。これを理解するために、ここ数年の技術の発達のあとをたどってみよう。

2012年にイメージネット（画像データベース）が行ったコンペティションをきっかけに、AIは大いにもてはやされるようになった。毎年開催されるこのコンペティションは、画像認識技術を競うもので、ベンチマークとされるのは当然、人間の能力だ。人は95パーセントの精度で画像を認識できる。

2010年の大会では、優勝チームの技術の精度は72パーセントだった。ところが2012年の優勝チームは「ディープラーニング」と呼ばれる最新の技術を使って、精度を85パーセントまで高めたのだ。研究者は感心した。だが本当に驚くのはまだ早かった。2015年、マイクロソフト社のチームは、まったく新しい手法で、「人間」の能力に匹敵するだけでなく、さらにはそれを上回る、96パーセントという精度を達成した※23。

この年の10月、ロンドンではデミス・ハサビスをリーダーとするイギリスの研究チームが「アルファ碁」という画期的な囲碁プログラムを開発した。囲碁は2500年以上前に中国で考え出された遊びで、おそらく、今日まで行われている最古のボードゲームである。アルファ碁はプロの囲碁棋士をハンディなし（対局する棋士の実力に差があるとき、ハンディが与えられる）で破った初のコンピュータープログラムである。

囲碁はチェスよりルールが単純（碁石をおいて、囲った地の大小を競う）なため、より多くの手が考えられる。だが、どれほど多いのか。その数字は宇宙に存在する原子の数を上回るとされている。可能性がほぼ無限であることから、人間が戦略を記述し、機械がそれを使うことは不可能である。複雑で直感も必要とされるこのゲームを機械にマスターさせるのは困難だが、挑戦し甲斐がある。

アルファ碁は「ディープブルー」というチェスのプログラムのようなコンピューターゲームプログラムとは異なっていた。開発者はさまざまな可能性をプログラムにハードコーディングするのではなく、膨大な数の人間同士のオンライン対局を分析した。そして、対局中に使われた手をデータとして入力し、コンピューターが自律的に学習するようなアルゴリズムを開発した。システムを完璧なものにするために、プログラムと別のバージョンのプログラムとの対局が繰り返し行われた。アルファ碁は、バージョンは違うものの、自分自身と対局していたのである。

これによってプログラムの戦略が微調整された。いわゆる「強化学習」である。こうして完成したプログラムはすばらしい計算能力を発揮するだけでなく、人の直感のようなものも予想以上にうまくはたらかせながら、棋士を次々と破っていった。

２０１６年３月に、アルファ碁は真の名声を得た。国際棋戦で18回優勝した世界で最も有名な棋士の一人、イ・セドル9段と韓国で対局。6日間にわたる五番勝負で、4局目を除いてすべて勝ったのだ。

AIの目覚ましい発達を見ていると、機械の未来についてさまざまな疑問がわいてくる。機械は私たちの日々の暮らしにどのような影響を及ぼすのだろう。これからはロボットが世界を主導するのだろうか。囲碁のような複雑で直感的な判断が必要とされるボードゲームで機械がプロを破ったのなら、ほかの分野でもそうしたことが生じるのだろうか。囲碁は単なるゲームだ――それは盤の上だけのこと――、実世界の話ではないと思った人がいるかもしれない。

確かにそのとおりだ。だが、いつまでそう言っていられるのだろう。

ロボットやAIのアルゴリズムはすでに至るところで使われている。2018年5月にシアトルを訪れた私は、「アマゾン・ゴー」をのぞいてみた。アマゾン・ゴーはアマゾンの運営する食料品店で、よそではできない買い物体験ができる。ここにはレジ係もレジも見当たらないのだ。買い物が済んだらゲートを通って店を出るが、そのときにクレジットカードを取り出す必要もない。代金は自動的にアマゾンのアカウントに請求される。同じ月、グーグルは「グーグル・デュプレックス」を発表した。これは、電話で自然な会話をするための技術で、AIは何かの予約など、「実世界」のタスクを遂行することができる。アマゾンはキャッシャーをAIに、グーグルはアシスタントをＡＩに置き換えたのだ。

テスラとウーバーは、自動運転車の開発を進めている。フェイスブックは、ユーザーの個人データからユーザーの将来の行動を予測して広告主に情報を提供している。エンリティックは２０１４年に設立された医療分野のスタートアップで、Ｘ線やＣＴスキャンなどの画像診断にディープラーニングを適用している。３人の熟練した放射線科医師との比較対照実験では、同社のシステムは人間より50パーセントも高い精度で腫瘍を識別した。また、人間は7パーセントの割合で腫瘍を見逃したが、同社のシステムは0パーセントだった。３人の専門家が協力してもＡＩには及ばなかったのである。エンリティックのシステムは、ディープラーニング・機械学習などのＡＩ技術によって多数の人々が職を奪われる可能性があることを示している。

その一方で、仕事がはかどるようサポートする企業もある。たとえば、インヴォカはマーケターが電話での会話を最大限活かせるようなプログラムを開発。リアルタイムで会話を分析して、マーケターがよりよい判断を下すことを可能にする。アップスタートは従来とは異なる審査法で返済能力を予測し、個人向け融資を行う企業である。また、新聞社・出版社などの中には、市場レポート・スポーツ記事の前文・記事などの執筆を「ロボットライター」に任せているところもある。ライターの質と自律性はさまざまである。

技術系の大手企業は時代を先取りするための——あるいは、少なくとも時代の流れについていていくための――方法を探っている。たとえば、すでにある製品にＡＩ技術を取り入れる、ＡＩ技術を持つ企業に出資するなど、新しいＡＩ技術を最大限に活かしたいと考えている。受信メールの内容から返信文を提案する、顔画像認識、クレジットカード詐欺の検知、さまざまな言語に対応するウェブページ翻訳など、ＡＩを利用したさまざまなシステムがすでに開発されている。

忘れてはならないのは、ＡＩを機能させるには、複雑なルールをインプットしなければならない点である。つまりそれは、「ルーティンワーク的な仕事をしている人は、ＡＩに仕事を奪われる恐れがある」ということだ。残念ながら、ＡＩに代替されそうなのはそうした仕事だけではない。現在は認知的スキルの開発が進んでおり、ルーティンワーク以外のタスクもこなせるようになるのではないか。ＡＩが人間より速く学習・適応するようになれば、ＡＩ利用の可能性はどこまで広がるのか、予測がむずかしい。

技術の進歩によって失業者が生まれる。これをジョン・メイナード・ケインズは「技術的失業」と呼んだが、この言葉はかつてないほど現実味を帯びている。

多くの人にとって、これは考えただけでぞっとするような話で、絶望感さえ漂うかもしれない。ホワイトカラーのほうが安泰かと思えるが、本当にそうだろうか。自分の仕事は定型業務ではないという人は、オックスフォード大学のマイケル・オズボーンとカール・ベネディクト・フレイの行った研究を見てほしい[※24]。2013年に2人は、700以上の職種を対象に「AIによる代替」の可能性を分析した〈次ページ図表〉。

その結果は、なんとも不安なものだった。アメリカのすべての被雇用者の47パーセントが、2033年までにコンピューター化される可能性の高い職業に就いているというのだ。リスクが高いのは、生産労働者や建設労働者だけではない。「リスクにさらされている」仕事の中には、事務の補助や販売・サービス、会計、不動産ブローカーが含まれていた。エコノミストやテクニカルライターも安心はできない。こんな予測は当てにならないと言う人もいるが、これらの職種すべてがすでに何らかの形でコンピューターを導入しているのは確かである。

この状況を最もうまく言い表しているのはスタンフォード大学のジェリー・カプランだろう。「自動化は色盲だ。ホワイトカラーもブルーカラーも区別はしない」

AIがすべての職場に進出するなら、私たちは自分の居場所をどうやって確保すればよいのだろう。正確に仕事をこなし、24時間、365日、休みなく働き、最終的には人件費の削減につながるAIに、私たちはどうやって太刀打ちするのか。

その答えはありそうだ。「創造的」であればよい。

仕事	可能性
レクリエーション療法士	0.003
歯科医	0.004
アスレティックトレーナー	0.007
聖職者	0.008
化学系エンジニア	0.02
編集者	0.06
消防士	0.17
俳優	0.37
衛生検査技師	0.40
エコノミスト	0.43
パイロット	0.55
工作機械オペレーター	0.65
タイピスト	0.81
不動産ブローカー	0.86
テクニカルライター	0.89
販売員	0.92
会計、監査担当者	0.94
テレマーケター	0.99

出典：「雇用の未来 コンピューター化によって仕事は奪われるのか」C. フレイ、M. オズボーン（2013 年）

２０１２年以降、自動化を阻んでいた問題が次々と解決されてきた。しかし、ＡＩより人間のほうが勝っている点がまだ少なくとも一つは残っている。それは創造性だ。新しいアイデアを生み出すことができるのは人間である。少なくとも、いまのところは。

オズボーンとフレイはその後、ＡＩがイギリスの仕事に及ぼす影響について、ハサン・バクシとともに研究した※25。おもしろいことに、その結果はアメリカとは異なっていた。イギリスでは、ＡＩにとって代わられる可能性の高い職業に就いている被雇用者が35パーセントにとどまったのだ。これはなぜなのか。答えは簡単だ。イギリスには創造的な、つまり「将来も安心」な仕事が多数あるからである。

この研究では、創造的な仕事をアート分野に限っていない。マネジメントやコンピューター・エンジニア、サイエンス関連の仕事は創造性が必要とみなされた。これらの仕事は「創造的」というイメージはもたれないかもしれないが、実際にこなすとなると、独創性や革新的なアイデアを生み出す能力が求められると研究者は考えたのである。

ＡＩの職場進出から身を守るにはどうすればよいか、その方法を探る前に、ＡＩがどこまで進歩しているかを見ておこう。ＡＩには人間のような創造性はないが、別の形で創造性を発揮することはできるのだろうか。それが可能なことは、イ・セドルとアルファ碁との対局によって示されたと言える。二局目でアルファ碁は、囲碁に精通した人間の棋士ならだれも使わないような手を使った。これに対するプロ棋士のコメントは、驚いた、信じられないなどさまざまだったが※26、「人間ならあんな手は打たない」という点で意見は一致していた。大いに議論を呼んだこの手が使われる確率は1万分の1だった。アルファ碁は3000万を超える「人間の手」を学習し、自分との対局を繰り返し、新しい戦略を身につけた。まず人間の打ち方を理解し、次にその先を見て腕を上げたのだ。これが第2局の37手目だった。

アルファ碁はだれも使わないような手――独創的で創造的な手――を見つけて打った。それは、「機械にとって創造性とは何か」を問う、大きな意味を持つ手だった。

この問いに答えるのはたやすいことではない。そして、もし機械が徐々に創造性を高めているのなら、私たちはそれにどうやってついていくのかという疑問もわいてくる。たぶん、「さらに創造的になる」というのがその答えなのだろう。

アメリカの電気工学者のシーモア・クレイは、スーパーコンピューターを開発し、数十年にわたって世界をリードした。クレイは、アップルが次のマッキントッシュを設計するためにクレイのコンピューターを買ったと聞いて、「自分は次のコンピューターを設計するためにマッキントッシュを買ったばかりだ」と言った。機械は人間の創造性によってつくり出されることをクレイは知っていた。

人の創造性は別の面でも発揮される。ロボットはルーティンワークをうまくこなすことができるが、時間に対する柔軟性がない――時間は重要である。柔軟で、時間や変化、異なった仕事、情報にすぐに対応できるのは人間である。柔軟ということは適応が早いということでもある。人間は指示されなくてもすばやく適応する。ロボットは柔軟性に欠ける――ロボットは進行方向に障害物を置かれると、その回避の仕方を習得するのに時間がかかる。

創造性のおかげで人間は柔軟性・適応性を発揮できるが、意味を理解できるのも創造性が備わっているからだ。たとえばアート。アートにはさまざまなものがあるが、どれにも深い意味や感情が込められている。そして今日では、ギャラリーで見るようなアート作品だけでなく、店で見る製品も深い意味を持っている。機械も人間と同じように意味を理解するのだろうか。

広告会社マッキャンネクストの代表を務めるデジタルクリエイティブディレクターの松坂俊なら、その答えを知っているかもしれない。2015年に松坂は、テレビ広告のコンセプトを考える世界初の「AIクリエイティブディレクター」をつくることを決めた。これまでにつくられたさまざまな広告を要素に分解し、コンピューターにデータ（業種やキャンペーンの目的・CMのターゲット・

トーン・手法・出演者・音楽・モチーフ）を入力、どの要素が広告の成功につながったか、その情報も加えた。そして、アルゴリズムを使ってCMの企画を練った。

完成したCMは、人間のクリエイティブディレクターがつくったCMと対決。だれ、あるいは何がそのCMをつくったか伏せたまま、どちらの作品がよいかを競い、ウェブ投票の結果、人間クリエイターの作品が得票率54パーセントで勝利した。

それから、社会的交流という問題もある。機械は意味のある会話をすることができるだろうか。共感するのだろうか。悲しみや喜びを理解し、そうした感情に対して適切な反応ができるのだろうか。創造的な職業の多くは、感情や行動・状況を読みとる、ユーモアを発揮する、ボディランゲージを理解するなど、「人間の領域」の社会的スキルを必要としている。したがって、意思の疎通や共感が必要な仕事は、常に人間のほうがうまくこなせるだろう。

アルファ碁とイ・セドルの対局に話を戻そう。3連敗したセドルは、このまま全敗するものと思われた。彼は追い詰められていた。彼はだれもが仰ぎ見る存在で、この勝負が多くの人にとって象徴的な意味を持つことも理解していた。セドルは4局目で30分以上に及ぶ長考の末、妙手を打ち、これが初勝利につながった。

中国人棋士、古力9段はセドルの手を「神がかった」と評した。彼でさえ、あのような手は予想していなかった。囲碁の世界では、あのときの手をいまでも「神の一手」と呼んでいる。

「神の一手」はイ・セドルの創造性・独創性によって生まれた。

それは前例のない、非常に創造的、独創的な手で、アルファ碁はそのような手が出るとは読んでいなかった。セドルの78手目のような手はだれも打たないものと考えていた。これまでの学習によれば、あのような手が選ばれる確率は1万分の1だった。

AIは囲碁で創造的な手を打ち、イ・セドルとの5番勝負で4勝した。だが、それは人間の能力を否定するものではない。イ・セドルが4局目で見せた手は人間の可能性を示すものであり、人々に希望を与えた。

近年、本格的な自動化が広範囲にわたって急速に進んでいる。技術革新がどんどん進行する中、自動化は進展し続けるだろう。テクノロジーが高度になると仕事を簡単にこなせるようになり、人手が余って、労働市場は混乱する。

人間の最強の棋士の対局を見て腕を磨き、最高の棋士になるコンピューターは、どんな分野でも学習してナンバーワンになってしまうのだろうか。アルファ碁の勝利は「この上ない快挙」だったが、それは世界一複雑なボードゲームで世界チャンピオンを破っただけでなく、すばらしい碁を打ったからである。

だが、アルファ碁の開発チームは、碁を人間より「うまく」打てる機械をつくることには成功したものの、機械にはもともと欠けているものがある。まさに「人間的な能力」が不足しているのだ。

機械は人間のようなコミュニケーションを図ることができない。さまざまなテーマに関する質問に答えられない。「神の一手」を予想できない。ロボットが朝起きて、バンジョーを弾《ひ》けるようになりたいと思ったりはしない。知的だが、そんなことは考えない。セドルの78手目のような創造性を発揮すれば、コンピューター化の進行は抑えられる。今日のような複雑で雑然とした世界では、素早い対応や、周囲の状況に目を向けて理解し反応する力が、ますます求められるようになっている。ところが、機械はまだ多数の要素からなる新しい環境を理解するのに苦労している。

とはいえ、労働市場では創造性のための創造性を備えているだけでは生き残ることはできない。私たちが必要としているのは、人間にとって本当に**価値**のある斬新なアイデアである。新しいものを生み出す過程を自動化するのはむずかしい話ではないが、価値のある新しいものを生み出すプロセスを自動化するのは容易ではない。自動化では、きちんと説明のつく量的価値が求められている。創造では、どこかとらえがたい質的価値が求められている。

アルファ碁の開発者の一人、ハサビスはセドルの一手を見て息を呑んだ。

「アルファ碁は1秒間に10万手読むことができる。イ・セドルが自分の頭脳だけでそれと張り合

えるのは驚くべきことだ」※27

セドルの一手、あるいはフレイやオズボーンの研究結果からもわかるように、創造的な職業は、将来的に自動化が進んでも簡単に消えたりはしないだろう。知性と創造性が人間だけのスキル、機械には習得できないスキルとして役立つのである。

機械に職を奪われそうな人は、いかにして創造的な仕事につくかを考えなければならない。創造的な仕事にすでについている人は、創造性をさらに高めなければならない。こうしたことはますます重要性を帯びてくる。多くの人が創造的な仕事を求め、競争がかつてないほど激化するからである。

テクノロジーが発達すると、競争力の維持、向上を目指す個人や企業にとっては、創造的スキルがますます重要になってくる。歴史を振り返ると、技術がいかに発達しようとも、人間は常に機械を支配していた。それは新しいスキルに適応し習得する能力を備えているからである。だが、コンピューターが認知の領域に入り込んでくると、創造性を高めない限り、優位を保つのはむずかしい。

コンピューターは数値を扱うのが得意である。それを考えると、自動化が進んでも創造性があれば対抗できるというのはよく理解できる※28。コンピューターは単純作業を繰り返すのも得意だ。

ところが意味の解釈が必要な分野や、多数の要素から成り、構造をすっきりと示せないような状況を扱わせると、人にはないようなミスを犯す。機械は人間と同じような好奇心・創造性・多様な思考スキル・想像力・判断力を身につけない限り、創造的な人が——あるいは平均的な4歳児でさえ——考え出すような、独創的で普通なら思いつかない予想外の質問をつくり出すことはできないだろう。

人と機械の仕事を分けるべきだと言っているのではない。人と機械が協力し合う方法がたぶん見つかるだろう。これからは、AIをパートナー・協力者・人の能力を高めるツールと考えるのがよいのだろう。テクノロジーの発達はアートにも影響を及ぼしている。

アーティストはコンピューターを独自の方法で、作品の創造性を損なわずに利用することを身につけた。セドルはアルファ碁との対局によって囲碁をまったく新しい方法で、新しい視点からとらえられるようになったと述べている。前出の日本のアートディレクター、松坂も同じように語った。広告代理店の進化はアルゴリズムにかかっているが、アルゴリズムは**人間によってつくり出される**。「従来の障害が取り払われてパートナーシップが生まれたとき、そのとき初めてイノベーションは可能となる」

組織とアート、企業とアート、アートと起業、アートとサイエンス、ＡＩの世界における創造性の役割。何について語るにせよ、結局、斬新で独創的・創造的な考え方ができるかどうかという点に話は戻っていく。

創造的な人物になる可能性はだれもが持っている。ジョージ・ランドとベス・ジャーマンは子どもの創造性に関する調査を行った。具体的には、さまざまな問題解決策を考え出す能力があるかどうかをテスト。調査対象となった3〜5歳の子どもの98パーセントが天才的レベルにあるという結果が出た。ところが同じ子どもたちを対象に追跡調査を行ったところ、天才的レベルにある子どもは15歳までに10パーセントまで減り、大人になるとわずか2パーセントという残念な結果になった※29。

創造的能力を高めたいという人に、ここで少しアドバイスをしておこう。ツールや、私がどのようにしてアートに親しんでいったか、その方法も紹介したい。私はアートを独学し、知識を得るために多数のリソースを活用した。私が使ったのはこんな方法だ。

好奇心を持つ

「創造的な人々にとって最も重要なエネルギーはおそらく好奇心だろう」

ロバート・ラウシェンバーグ

「アートは理解できない」「このアーティストが何を伝えたいのかわからない」――こんな声をよく耳にする。

私はギャラリーや美術館へ2度、3度と行くことで理解を深めていった。初めは何の資料も読まずに美術館へ行く。作品に触れ、アーティストの伝えたいことを感じ取り、理解しようとする。それから家に帰って、その美術展について書いたものや批評家の意見を読み、アーティストの情報を仕入れ、インタビューを聞く。そして、また同じ展覧会に行く。仕入れた知識を確かめながら見ていると、メッセージやディテールが何層にもなって表れてきた。ギャラリーは入場無料で、通常、同じ作品がひと月以上展示されている。美術館も多くが入場無料の日を設け、展覧会は3カ月以上続く。この方法を試す時間は十分ある。

この方法でアートに親しむと、多数のスキルを身につけることができる。コミュニケーション・連想・観察・視覚化・批判的思考・忍耐・傾聴などのスキルである。

創造的な人々と親しくなる

画家・写真家・詩人・彫刻家・デザイナー・建築家。幸いなことに、私は多くのアーティストに囲まれている。私はアートの学位を持っていないし、家族もアートの世界とは無縁である。彼らとの関係はすべて自分で築いた。こんなことを言うのは、もしあなたが、この世界に「知り合い」がいなくても、あきらめないでほしいからである。アーティストは、話をするにも、話を聞くにも、一緒にコーヒーを飲むにも、とてもおもしろい相手である。彼らの言葉・アイデア・疑問を聞いていると、私自身の人生に対する見方やビジネスに関するアイデアがはっきりと形を成してきた。あなたもきっと驚くはずだ。創造的な人々との関係は貴重である。

アートのコレクターにはビジネスリーダーが多いが、彼らに「自分の集めた美術品」と「アーティストとのつき合い」のどちらが大切か聞くと、コレクションを手放すことはできても、アーティストとの関係を断つことはできないと答えるだろう。アーティストと親しくなると、彼らが自分の作品についてどう考えているか、何を目指しているのか、どの作品を重要と考えているか、新しい領域を切り拓こうとしているか、より深く理解できるようになる——この最後の点は、創造性を示す重要な指標である場合が多い。

私たちは幸運にも情報の時代を生きている。なぜ幸運なのか。それは、講演やイベントの情報を入手して、美術の世界の人々と知り合うことができるからである。コミュニケーションとは、フェイスブックで見知らぬ人と会話をするだけでなく、現実の世界に出ていって人と会うことでもある。アーティスト、あるいはアートの世界と関わりのある人が、友人の友人の友人、あるいは親戚にきっといるはずだ。いまは以前より簡単に人に会うことができる。外に出かけて、創造的な人々と親しくなるべきだろう。

コミュニティ

コミュニティは、自分と同じことに関心を持つ人々とのすばらしい出会いの場である。あなたは何に関心があるだろう。写真・詩・料理……それとも、もっと別の創造的活動だろうか。ミートアップのようなプラットフォームでおもしろそうなコミュニティを見つけるとよい。

マドリードに本拠を置く私の会社は、起業家・デザイナー・若きプロフェッショナル・アーティストなどが集う、アート・テクノロジー・起業のためのコミュニティを運営している。イベントの大半は無料で、アートやテクノロジー・起業・イノベーションに関わる人々に会う絶好の機会である。イベントでの講演などを録画し、ユーチューブチャンネルで公開している*。

講座を受講する

オンライン講座が手軽だが、オフライン講座の受講を勧めたい。オフラインなら、同じような志を持つ人々に会う機会を得られる。彼らから学び、刺激を受け、アイデアを語り合い、協力することができる。絵画・書道・武道・写真・ライティング。何をするにせよ、人と一緒にやるのがよい。一人でするよりグループでするほうがうんと楽しめる。

オンラインコースのほうが都合のいい人もいるだろう。プロを目指す人のためのコースは、多くが受講生の知識とネットワークの拡大に力を入れており、受講生のプロフィールを掲載しているところもある。私はオンライン講座を受講するとき、どの受講生が同じ街に住んでいるかをチェックする。そしてメールを送り、たいていは会って話をし、その後も連絡を取り合う。共同でプロジェクトを進めることもある。同じような経験をしてきたクラスメートとつき合うのは楽しい。

＊ これらのイベント等について詳しく知りたい方は以下へ
www.theartian.com/community

最後に

私を刺激してくれるリソースが二つある。一つはブレイン・ピッキングズ。これはブログで、話題はアート、サイエンス、デザイン、歴史、哲学など多岐にわたる。もう一つはアーティップス・ニュースレター。このニュースレターには、3分で読める、アーティストやアート作品に関する楽しいストーリーが一つ掲載されている。これは脳を楽しませるのにぴったりで、学ぶにも最高の読み物である。

第 2 章

企業はアートを必要としている

ORGANIZATIONS NEED ART

アートを教える

人が企業について話すのを聞いていると、企業を、独自のアイデンティティを持つ生きた存在としてとらえているのではないかと感じることがよくある。人が企業を立ち上げ、経営し、針路を定めていることを、私たちは忘れがちだ。創造的な人はどのようにして創造的な会社をつくるのか。創造的な人はどのようにして自分が率いる会社にアーティストの手法を取り入れ、広めていくのか。私はそれを知りたいと考えた。

個人にとってアートが重要なように、企業にとってもアートは重要である。独自の考え、独創性、革新性がなければ、企業は優位に立つことも生き残ることもできない。存続するためには自社のＤＮＡに創造性を注入しなければならない。そこで働く人々が創造的に関わり合うことができるよう図り、創造的プロセスを支えていくことが必要である。

自社のDNAにアートの世界の思考法と創造性を組み入れる方法は多数考えられる。たとえば、アーティストを雇う、アートを教える、創造性を高めるちょっとしたエクササイズを課す。本章を読み終えるころには、これから紹介する企業の設立者やリーダーと同じように、あなたにも、あなたの会社独自の考え方を育てられることがわかるだろう。

アップルは、美しくエレガントなすばらしいデザインと、革新的な製品でよく知られている。彼らはデザインをアートのレベルまで高めた。熱心なファンは数億人を超え、製品はニューヨーク近代美術館（MoMA）をはじめとする主要美術館の所蔵品となっている。アップルはアート・テクノロジー・デザインを自然な形で融合させてきた。あまりに自然なため、こうしたことは、わけなくできるのだろうとさえ思えてしまうかもしれない。

アップルの芸術的DNAは、もちろんスティーブ・ジョブズから受け継がれたものだ。ジョブズはアイデア・テクノロジー・アートを結びつけて未来を生み出した。意味と価値を持つものをつくり出すには、テクノロジーを創造性と結びつけるのがいちばんであることを、彼はだれよりもよく理解していたのだろう。

ジョブズはアーティストだった。自分でもそう考えていた。アーティストとして振る舞い、アーティストの気質を持ち、アーティストの影響を受けた。彼のヒーローは大半が創造的な人々だった。名声・名誉・仕事を失う危険を冒しながら、人とは違うことをやり遂げて、歴史の流れを変えた人々が彼のヒーローだった。

マッキントッシュ（マック）のデザインが決まったとき、ジョブズは開発チームを招集してセレモニーを行った。「本物のアーティストは作品にサインをする」。そう言って製図用紙とサインペンを取り出し、全員にサインをさせた。サインはマックの内側に刻まれている[※30]。ジョブズはチームのメンバーをアーティストとして扱った。初期のマックの本体ケースを開けると、このサインを見ることができる。

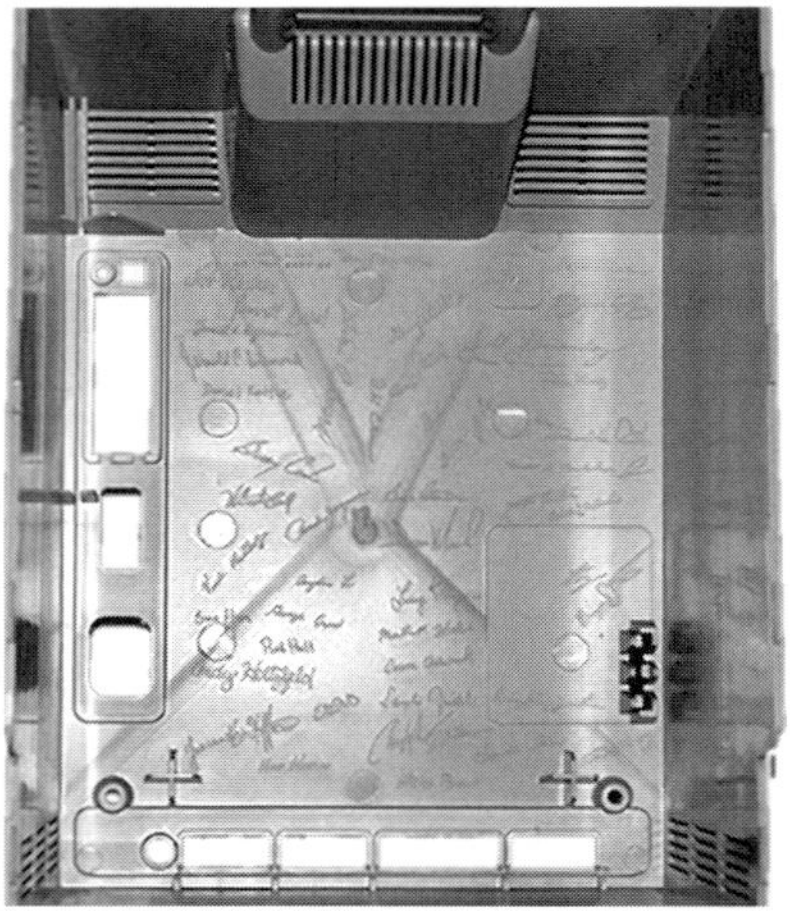

初期のマックのケース内にあしらわれていたメンバーのサイン

ジョブズはパブロ・ピカソやボブ・ディランのようなアーティスト、ディーター・ラムスのようなデザイナー、バウハウス・ムーブメントのような流れの影響を受けていた。バウハウスは1919年から1933年までドイツにあった有名な学校である。工芸学校と美術学校を統合した教育機関で、「建築も含めたあらゆる芸術の『統一』」を目指した。ジョブズの信念はバウハウスの考え方——少ないほど豊かである（less is more）——と同じだった。このアプローチはアップル製品にもはっきりと見ることができる。

「一枚の絵は付加の集積だったが、私の場合、一枚の絵は破壊の集積である」

パブロ・ピカソ

スティーブ・ジョブズは、アートと美学に対する自分の熱い思いや信念をどのようにして社内に広めたのだろう。次の二つの例を見れば、何かわかるかもしれない。まず、ジョブズはマンハッタンにあるメトロポリタン美術館のルイス・ティファニーのガラス展に、マッキントッシュチームを連れて行った。偉大な芸術作品を大量生産することは可能だと示したかったのである。また、彼らが美しい作品に触れることで、「自分もアーティストなのだ」という自覚を持つことを願っていた。

だが、本当に興味深いのは次の例だ。ジョブズはアップル製品のデザインの過程でアーティストが果たす役割について述べたが、さらに、自分の考え方や信念を、２００８年にスタートした

「アップル大学」と呼ばれる社内研修プログラムに組み入れたのである。アップルは秘密主義で、外部の人間にとってよくわからない部分が多い。このプログラムについても実態は明らかにされておらず、アップルの元社員の証言やごくたまにメディアが報じる情報を手がかりに知るしかない。アップルはそうした情報を肯定も否定もしない。

アップル大学は社員教育のためのプログラムで、アップルの文化とスタイルを社員に教え、共有することを目指している。社員はさまざまな講義を受講できる。教えるのは大学教授で、アメリカの一流大学の教授もいる。2014年にブライアン・X・チェンというライターの書いた記事が「ニューヨーク・タイムズ」に掲載され、アップル大学の姿が一部明らかになった※31。

ある講義では、アップルのコミュニケーションスタイルとデザイン哲学について学ぶ。アップルのコミュニケーション戦略はパブロ・ピカソの影響を受けている。ピカソは偉大なミニマリストで、デフォルメし、余計なものをそぎ落とし、写実的に描かれていたものをシンプルな形に変えた。アップル大学では、ピカソの『雄牛』のような作品が教材として使われる。『雄牛』は1945年の作品で、11枚のリトグラフから成る。ピカソは牛の形を分析して徐々に簡素化し、最後はその本質だけをとらえた。1枚ずつ順に見ていくと、この獣の本来の姿を見出すまでの過程がよくわかる。そこには、ディテールを描き加えるのではなく、取り除くことで偉大な作品を生み出すというピカソ芸術の神髄が現れている。

ピカソの作品については、ピカソ自身がうまく語っている。「一枚の絵は付加の集積だったが、私の場合、一枚の絵は破壊の集積である」。

彼の手法はアップル製品にも見られる。製品から不要な部分をそぎ落としていくことで、アップルはシンプルで最小限のものだけを残したエレガントなデザインを生み出すのである。


アップルは芸術的アプローチを社内のコミュニケーションだけに取り入れているのではない。アップルは当然、製品や広告を通じて外部と対話する。たとえば「Shot on iPhone（iPhone で撮影）」キャンペーンには、一般のiPhoneユーザーが撮影した写真が採用されている。気

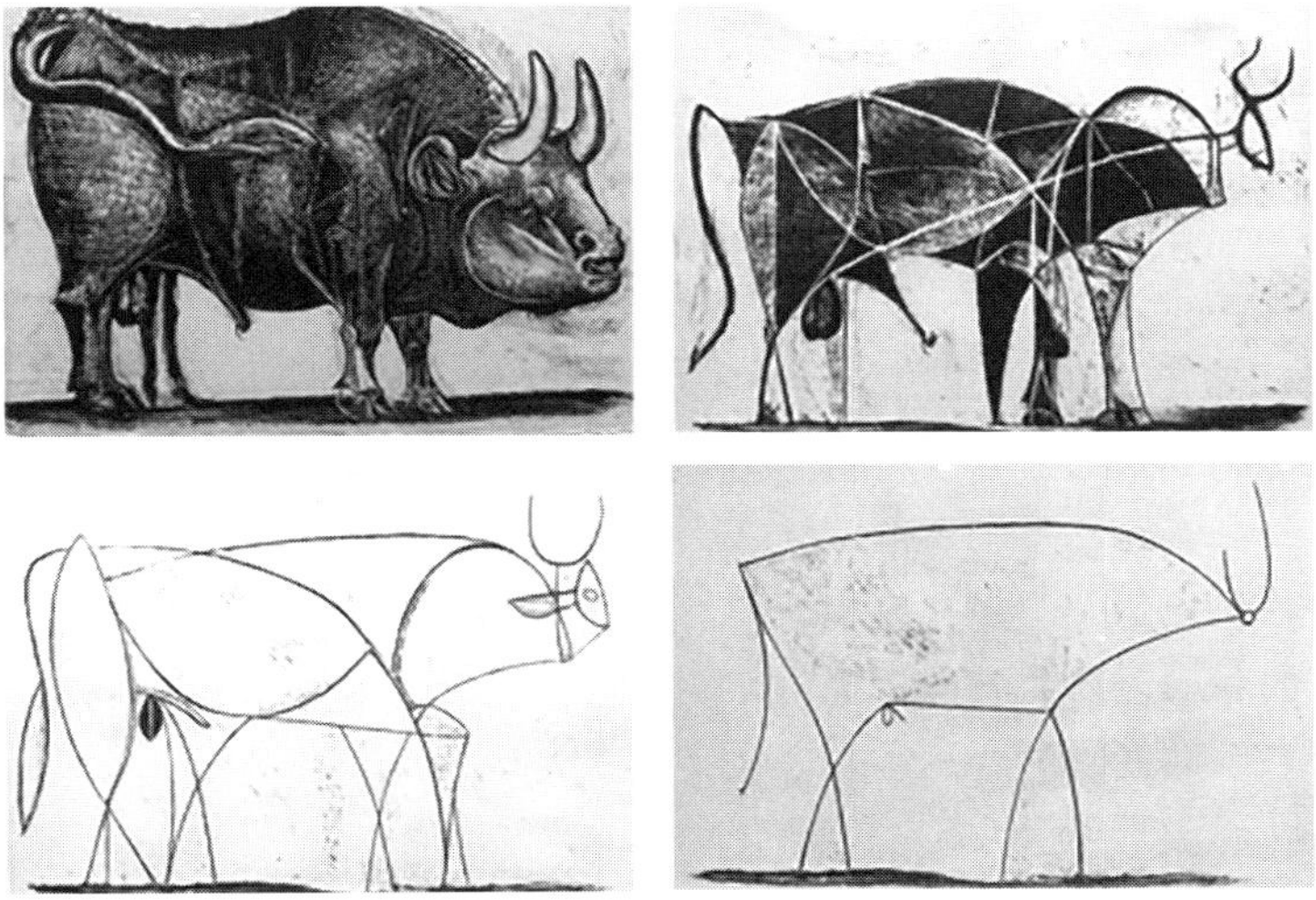

ピカソ『雄牛』（一部）

持ちを奮い立たせてくれるような写真、生き生きとした写真、感情に訴える写真、美しい写真。アップルはこうした写真を広告看板やオンライン広告だけでなく、このキャンペーン用につくったインスタグラムのアカウントでも紹介している。

これがアップルの広告のすぐれたところだ。これは製品を売るためのアカウントではない。製品の紹介はせず、「売り込み」もしない。iPhoneの広告にiPhoneがでてくることはほとんどない。私たちに伝えられるのは、「iPhoneを使えば何ができるか」だ——何ができるかといっても、ナビゲーター、カレンダー、あるいはメールの機能が充実したといった話ではない。私たちはiPhoneを使って気持ちやアイデアを伝え、アートを生み出し、人の心に訴えるのである。

アップルはユーザーの芸術作品を通して、ユーザーの創造性や多様性を示している。アップルがiPhoneで熱心に写真を撮る人たちのためのプログラムをスタートさせ、撮影法を教えるのは驚きではない。

アップルは芸術的アプローチで外部と対話するが、それは広告だけにとどまらない。アップルストアにもアートが取り入れられているのだ。2014年末にアップルは「Start Something New（新しい何かを始めよう）」キャンペーンを開始した。これはアップル製品を使って制作された写真・絵画・スケッチなどのアート作品をウェブサイト上で紹介するプロジェクトである。

各アーティストのページを見ると、作品の詳しい制作過程や使用されたツール（ハードウェア・ソフトウェアを含む）を知ることができ、アーティストの制作中の写真も見られる。このキャンペーンでアップルは、マック・iPhone・iPad・アップルウォッチをどのように使えばアート作品をつくり出すことができるか消費者に示した。

アップルはオンラインギャラリーを開設しただけではない。実店舗でも作品を展示し、そこを現代アートのギャラリーに変えた。そして、アートの香り高いアップルストアで豊かな顧客体験を提供した。アマチュアからさらにスキルを高めたいプロまで参加できるワークショップを開いたのである。

このワークショップのコンセプトをもとに、２０１７年5月、アップルストアで新たなプログラム「トゥデイ・アット・アップル」が始まった。創造的な学習体験の場を提供するプログラムで、どのような講座やイベントが用意されているかウェブ上で確認し、おもしろそうなものを見つけて申し込めばよい。講座は写真・絵画・音楽など幅広い分野に及び、アーティストによるライブショーや実演もある。アップルは世界が創造的な人々を必要としていることから、大人向けのプログラムに加え、「キッズ・アワー」も設けた。プログラミング・ストーリーテリング・イラスト・映画製作・音楽など、盛りだくさんのプログラムが用意されている――どれも子どもの想像力、創造力を刺激する内容だ。

アップルのすごさはその一貫性にある。製品を売り込もうという姿勢はまったく見られない。重要なのは、アップル製品を使って私たちに何ができるか、創造性をどう発揮できるかである。アップルは人間の真価と、人間が機械よりすぐれていることをよく理解している。テクノロジーは進歩を遂げたが、それが創造的なすばらしい使われ方をするかどうかは、人間次第なのである。

企業にアートの世界の発想を取り入れるには、「アートを教える」「アーティストと連携する」という方法があるが、ほかにもやり方は考えられる。「アーティストを雇う」のである。

テクノロジー重視の世界ではＳＴＥＭ（科学・技術・工学・数学）を学んだ学生が求められているという話をよく耳にする。こうした分野を専攻すると就職に有利と考えられている。実際、そのようだ。ＳＴＥＭの学位取得者はたいてい「文系」より簡単に仕事を見つけ、収入もいい。しかし先に述べたように、多数の職種で自動化が進んでおり、ソフトウェア開発も例外ではない。コーディングが自動化されていくと、エンジニアは必要とされなくなっていく。子どもにＳＴＥＭやコーディングを教えることに反対しているわけではない。企業の根幹を支えているのは多くの場合、エンジニアやソフトウェア開発者である。私が言いたいのは、彼らがいまほど必要とはされなくなりそうだということである。それは自動化だけの問題ではない。STEMを学んだ学生の需要が減る理由はほかにもあるのだ。

第1章で紹介したアクセラレーターのYコンビネーターは、「起業家は、人々がほしいと思うものを生み出さなければならない」と説き続けている[※32]。何かを生み出すだけでは十分とは言えない——それなら簡単にできる。重要なのは「人々がほしいと思うもの」を生み出すことだ——これが一筋縄ではいかない。そして、これには人間的要素が関わってくる。人々がほしいと思うものを生み出すには、機械ではなく、人間の性質を理解しなければならない。何が私たちをやる気にさせるのか、何が私たちを興奮させるのか、私たちは何を大切にしているのか。アルゴリズムでこうした感情面を説明するのはむずかしい。説明するには、人々のことをよく理解している人々が必要だ。

幸いにも、テクノロジー企業の設立者の中には、すでにこれを理解している人がいる。私の育ったイスラエルは起業大国、イノベーション立国として知られ、多数の起業家が成功を収めている。2013年にイスラエルの有力紙の記者が、なぜイスラエルのテクノロジー企業は世界をリードしているのか、どのようにして革新性と創造性を保ち続けているのか関心を持った。

そして調査の結果わかったのは、そうした企業はアートの世界の人々を雇っているということだった。

これはいまではそう画期的なこととは思えないかもしれない。だが興味深いのは、アート界の人々を雇ったことではなく、「彼らをどのポストに据えたか」である。その創造的な人々は重要なポストを与えられていたのだ。一部のスタートアップでは、まっ先にアート界の人を雇っていた。あるスタートアップが最初に雇ったのは、エンジニアでもソフトウェアの開発者でもなく、クリエイティブディレクターだった。

ボリス・ペヴズナーも、創造的な世界にいた人々を主要なポストにつけることが重要と考えていた起業家の一人である。ペヴズナーはロシア系アメリカ人で、彼が最後に起業したコレクトリウムは世界最大手のオークションハウス、クリスティーズに買収された。いま経営しているベンチャー企業は、「最も有望なＩＴマネジメントサービス会社20社」の1社に選ばれている。彼が立ち上げた会社のうちすでに2社がイグジットした。

子ども時代、ペヴズナーは日曜の朝をサンクト・ペテルブルクにあるエルミタージュ美術館で過ごした。電気工学と物理学を学んだが、彼はアートに導かれて仕事をしてきた。インタビューでは自社におけるアートの役割について触れ、アートが「アイデア創出」と「共感」の源泉だと述べた[※33]。この二つはあまり表には出ないものの、ビジネスにおいて非常に重要である。ペヴズナーは芸術的・創造的思考を継承していきたいと考え、他の企業の設立者にもそうするよう勧めている。「私たちは幸運にもこれを自社のDNAに創業時から組み入れることができた。途中からはむずかしい……創造性と革新性を高めるためにアートが必要と信じているなら、それを最初からDNAに組み入れる、この貴重なチャンスを逃す手はない」。

コレクトリウムのチーフ・テクノロジー・オフィサーが熟練した舞台俳優というのも納得がいく。ペヴズナーはアートとつながりのある人をよく雇って会社のさまざまなポストにつけるが、とくに多いのは、人とのやりとりが必要なプロダクトチームやカスタマーサポート、品質保証などの部署である。

カナダのヴィディヤードは、動画配信と解析のプラットフォームとしてビジネスを拡大しているが、その設立者でCEOを務めるマイケル・リットも、ペヴズナーと同じ考えを持っている。彼はエンジニアでSTEMの重要性を理解しているが、採用するのはSTEMより文系の人材のほうが多い[※34]。その方針を当面、変えるつもりはないと彼は言う。技術系のスタートアップで働く人は大半がエンジニアだと考えている人もいるだろう。しかしリットによると、ディベロッパーは15〜25パーセントにすぎず、それは他社も同じである。

技術系のスタートアップはエンジニアリング主導の会社ではなく、製品やサービスを提供する会社だ。そしてビジネスを進めるには、技術系であれ、他の会社同様、エンジニアリングだけではない幅広いスキルが必要になる。セールス・マーケティングチームは、顧客との間に信頼を築くことができなければならない。製品のすばらしさを顧客に伝えること、顧客を理解してニーズに応えることも必要だ。人事部はすばらしい企業文化を育てて適材を呼び込まなければならない。データの担当部署はどうだろう。会社が成果を上げるには質の高い分析が必要だが、数字だけ分析すればいいというものではない。批判的思考や人の行動への深い理解など、人間的なスキルも求められる。ユーザー・エクスペリエンス、あるいはユーザーインターフェイスの担当部署はどうなのか。もちろんコーディングというスキルは重要だが、まず人が製品をどのように使用するかを理解する必要がある。

ペヴズナーとリットの会社立ち上げのようすを見ていると、製品やサービスは人々のためのものであることを二人が本当によく理解していることがわかる。テクノロジーを人に役立てるのであり、その逆ではない。そして、人に正しく役立てるには、人文科学やアートの分野から人材を得て、「人の心理」を理解する豊かな能力を発揮してもらわなければならない。

このようなやり方がプラスになるのは、小さな企業だけではない。これは大企業にとっても、エンジニアリング重視のフェイスブックのような企業にとってさえ有効である。2018年1月にフェイスブックはニュースフィードのアルゴリズムを変更し、友人や家族の投稿をメディアや企業のフェイスブックページからの投稿より優先すると発表した[※35]。この変更によって多数の企業が大きな影響を受けるだろう。ユーザーがフェイスブックで過ごす時間が増えたことから、多くの企業はニュースフィードの表示アルゴリズムに合わせてソーシャルメディア戦略を調整してきた。今回の変更で企業は独自の方法で新たにユーザーにリーチし、より価値の高い関係を築かなければならなくなった——ここで大きな役割を果たすのがアートとアーティストだ。アーティストは本来、ストーリーテラーである。彼らはアートでコミュニケーションを図り、アート作品を使って人々を惹きつけることができる。オーディエンスと有意義な交流をする術も知っている。フェイスブックのような企業もこうしたやり方から多くを学ぶことができる。

アートの世界から人材を得るのは、どんな業界にとっても意味がある。石材工業のような重工業にとってもそれは同じだ。たとえば、イスラエルでは1920年代に石材工場ができ始めたが、その中の一つがアートを活用して改革を進めた。石を採掘し、切り、磨き、主に厚板やタイルなどにして販売しているその会社は、ビジネスが拡大し、石不足という事態に陥った。天然原料に頼る企業はどこも同じだが、会社は経営を続けていくために手を打たなければならなかった。彼らが選んだのは、国内の別の地域で採掘する免許を申請するという方法だった。また、新しい試みとして工業デザイナーを雇い入れた。

ご想像通り、この会社は新しい免許ではなく、このデザイナーのおかげでよい方向に進んでいくことができた。会社側は、これまでのやり方は変えようがないと考えていたので、初めはデザイナーのしていることを疑問視していた。デザイナーは最初の数カ月間、顧客に会うために世界を回った。そして、建築家や販売業者と話をし、会社のどんな点を変えなければならないか考えた。彼が最初に改めたのは、「顧客と何を話すか」という点だった。「原料」や建設のプロセス、厚板・タイルなどの製品について話すのではなく、顧客のニーズに応えるための話をすることにしたのだ。ニーズに応えるには新製品をつくらなければならなかった。顧客は自分の必要としているものを的確に伝えられないケースが多く、彼は実際に製品にして顧客に見せた。

この会社は長年にわたって同じ製品をつくり続けていた。そして使い残した何トンもの石が工場に放置されていた。しかし、撤去するには多額の費用がかかる。デザイナーは「工場に積み上げられた石の山を小さくすること」を自分の任務の一つと決め、その石を活かす方法を考えた。放置されていた質のあまりよくない原料を、価値ある製品に変えることにしたのである。一人で機械を使って、打ち捨てられていた石を原料に新製品を開発。そうすることで、彼は撤去費用を削減し、工場の無駄を減らし、「廃物」を収入に変えた。

創造的な分野の人を採用して重要なポストに据えると、どんな業界であれ、アーティストの思考法を取り入れることができる。なぜ創造的な会社をつくるには創造的な適材を雇う必要があるのかおわかりだろうか。創造的な人を雇って重要なポストにつけると、会社の姿を決める意思決定者の一人になるからである。

アーティスト・イン・レジデンス

アーティストの思考法を取り入れる方法はほかにもある。第1章でも少し触れた「アーティスト・イン・レジデンス（AIR）」プログラムをつくればいいのだ。AIRはサイエンスや研究、アートの世界で見られる。レジデントは通常、時間と場所を提供され、新しい文化や環境の中でアイデアの探求・思索・研究・実演・制作を行う。期間は数週間から数カ月で、その間、アーティストは制作・探求を続けながら人と交流する。

AIRプログラムは、カルチャーの分野で一般的だが、いま、ビジネスの世界、とくにテクノロジー企業の間で関心が高まっている。アーティストを招くと従来はなかったユニークな視点がもち込まれ、創造的・革新的精神が育まれていく。テクノロジー分野でのＡＩＲプログラムの広まりを受け、アメリカの起業家・事業主向け雑誌、「Inc.」はこう書いている。「ＡＩＲはスタートアップに欠かせないマスト（must）となった」※36。とはいえ、テクノロジー企業にとって、ＡＩＲというコンセプトは、そう新しいものではない。何年も前からこれを行っている企業があるのだ。

中でも有名なのが、印刷機器で知られるアメリカのゼロックスだ。１９０６年に設立されたゼロックスはプリンター・複合機・文書管理ソリューションなどの分野で世界をリードしている。

カリフォルニア州パロアルトにあるゼロックスの研究開発センター、パロアルト研究所（ＰＡＲＣ）は、情報技術とハードウェアシステムの発達に多大な貢献をし、高い評価を受けている。現在のようなコンピューターやインターネットがあるのはＰＡＲＣのおかげである。グラフィカル・ユーザーインターフェイス（ＧＵＩ）、オブジェクト指向プログラミング、レーザープリンター、ビットマップ画像などはすべてゼロックスによって生み出された。

ＰＡＲＣの前所長でゼロックスのチーフサイエンティストであるジョン・シーリー・ブラウンは、チームが創造的精神を保つことの重要性をよく理解していた。だが、それはたやすいことではなく、会社が成熟すると、なおのことむずかしい。そこで、彼は創造的思考の新たな源泉を探し、それをアートの世界に見つけた。アーティストは私たちの世界に新しい思考法・新しい視点・新しいやり方をもたらしてくれる。さまざまな分野や考え方が出会い、「創造的な混乱」が生じることで、活気に満ちた場が生まれる。そう考えてブラウンは、ゼロックスのＡＩＲプログラムのリーダーとしてリッチ・ゴールドを招いた。

ゼロックスは「ドキュメント・カンパニー」だが、この会社にアーティストというプロフィールほどふさわしいものはない。ゼロックスは多数の問題に通じていると考えられていた。新聞は将来どうなるのか。テレビと新聞はどこまで近づくのか。この先、人はどのような経験をするのか、アートはどんな形になるのか。ゴールドは当初からすばらしいアートやわくわくするようなサイエンスを生み出すのではなく、よりすぐれたアーティスト、よりすぐれた科学者を育てることに力を入れた。ブラウンと同じように、ゴールドも社内に異なった視点、理論、個性、手法をもたらしたいと考えた[※37]。

アーティストと聞くと、画家や彫刻家を思い描くが、アーティストはいつの時代にもテクノロジーを活かしてアートを生み出してきた人々である。科学者のように、アーティストもＡＩやコンピューター・ビジョン、マルチメディア、音、光に関心を持っている。テクノロジーを別々の視点から扱うアーティストと科学者を組み合わせる。そうすることでゼロックスは、さまざまな可能性を探る場を科学者に与えたのである。

AIRプログラムをもう一つ紹介しておこう。それはオートデスクの「ピア9」だ。オートデスクは製造、建築、土木、メディア、映像業界向けに図面作成ソフトウェアを開発している企業で、2D、3D図面を作成できるソフトウェア、オートキャド（AutoCAD）でよく知られている。ピア9の拠点はサンフランシスコの風光明媚な海沿いにある。一般公開されているので、ハイテクデザインやデジタルものづくりのようすを見、ものをつくるということについて改めて考えてみるのもよいだろう。

オートデスクのAIRプログラムに参加するアーティストは最先端の設備が整ったワークショップでものづくりをする。ここではオートデスクのソフトウェアやすばらしい製造ツールが自由に使える。こうしたツールを使って、アーティストはデジタルモデルから実際にものができるまでの、あらゆる製造段階を一つひとつ確かめていくことができる。アーティストとオートデスクの担当チームは未知の領域に足を踏み入れ、3Dの設計・製造技術をさらに進化させて、ものづくりの形を変えようとしている。

このAIRプログラムは新製品の開発に役立つだけではない。オートデスクは、現在と将来の顧客のためにどうすればよりよい製品を設計・製造できるか、その考え方も身につけている。また、アーティストから知識を得て、自社のツールをさらに活用する方法を顧客に伝えることができる。よい影響は社内にも及んでいる。アートの世界のアイデアとテクノロジーの世界のアイデアを出し合っているうちに、意味のある長期的なコラボレーションが生まれることがある。また、アーティストはアイデアを共有するだけでなく、ワークショップを開いて自分のスキルや知識を伝える機会を持つこともできる※38。

このＡＩＲプログラムは大きな成功を収め、アーティストの中にはオートデスクで職を得た人もいる。彼らは以前はなかったようなポストに就いて会社に新たなチャンスをもたらし、人々の生活に影響を及ぼす製品の開発を助けている。たとえば２０１４年にこのプログラムに参加したエンジニアでデザイナーのアンドレアス・バスティアンは、新しい方式の３Ｄプリンターを開発するため入社した。彼の肩書は３Ｄプリンティング・リサーチ・サイエンティストである。

多数のテクノロジー企業がＡＩＲプログラムをスタートさせている。マイクロソフト、グーグル、フェイスブック、アドビもプログラムを用意している。私がこの話をすると、多くのマネジャーは、「おもしろいアイデアだ、でもうちにはそんなプログラムを立ち上げるだけのリソースがない」と言う。その言葉を聞いて私が思い出すのはプラネットである。

プラネットは数人の物理学者とエンジニアが集まって始めた会社だが、いまでは世界最多の小型衛星を保有するまでになっている。超小型のキューブサット衛星「ダヴ」が有名だ。プラネットは175を超える衛星を使って地球の画像データをかつてないスケールで提供。2018年3月現在、6つの拠点で480人を超える社員が働いている。

ゼロックスやオートデスクと同じように、プラネットにもAIRプログラムがある。だが、よそと違うのは、それを「いつ」スタートさせたかだ。「いつ」というのは2千何年という意味ではなく、会社の設立後どれくらい経ってからという意味である。2013年に画家でグラフィティ・アーティストのフォレスト・スターンズは、あるベンチャー・キャピタルカンファレンスに出席した。その日壇上にいたのがロビー・シングラーで、ダヴのプレゼンをしていた。シングラーはNASAを辞めてプラネットを設立し、チーフ・ストラテジー・オフィサーを務めていた。宇宙の未来に対するシングラーのビジョンに惹かれ[※39]、スターンズはプレゼン終了後、彼に話しかけ、ある提案をした。それは途方もない話と思えるようなものだった——宇宙で美術展を開こうというのである。ところがシングラーは賛同し、スターンズをチームに入らないかと誘った——25人目の社員として。先ほどの「いつ」に話を戻すと、それはまだプラネット設立からそれほど経っていないときのことだった。画家のスターンズがどんな役割を果たすのか、会社ではだれもよくわかっていなかった。彼の最初のプロジェクトは、人工衛星に絵を描いて、地球の軌道上で最大のアートショーを開くというものだった。社員の知人やレジデントのアーティストが描いた数百枚のイラストをサイドパネルにレーザーエッチングした衛星が250以上打ち上げられたのである。

それから5年が過ぎたが、いまもスターンズはなくてはならない存在で、「アート・ミーツ・スペース」プログラムを主導している。これは1年に4人のアーティストを招くAIRプログラムで、アートとサイエンスと地球をつなぐために、プラネットの科学者・テクノロジスト・アーティストが力を合わせていこうというものである。

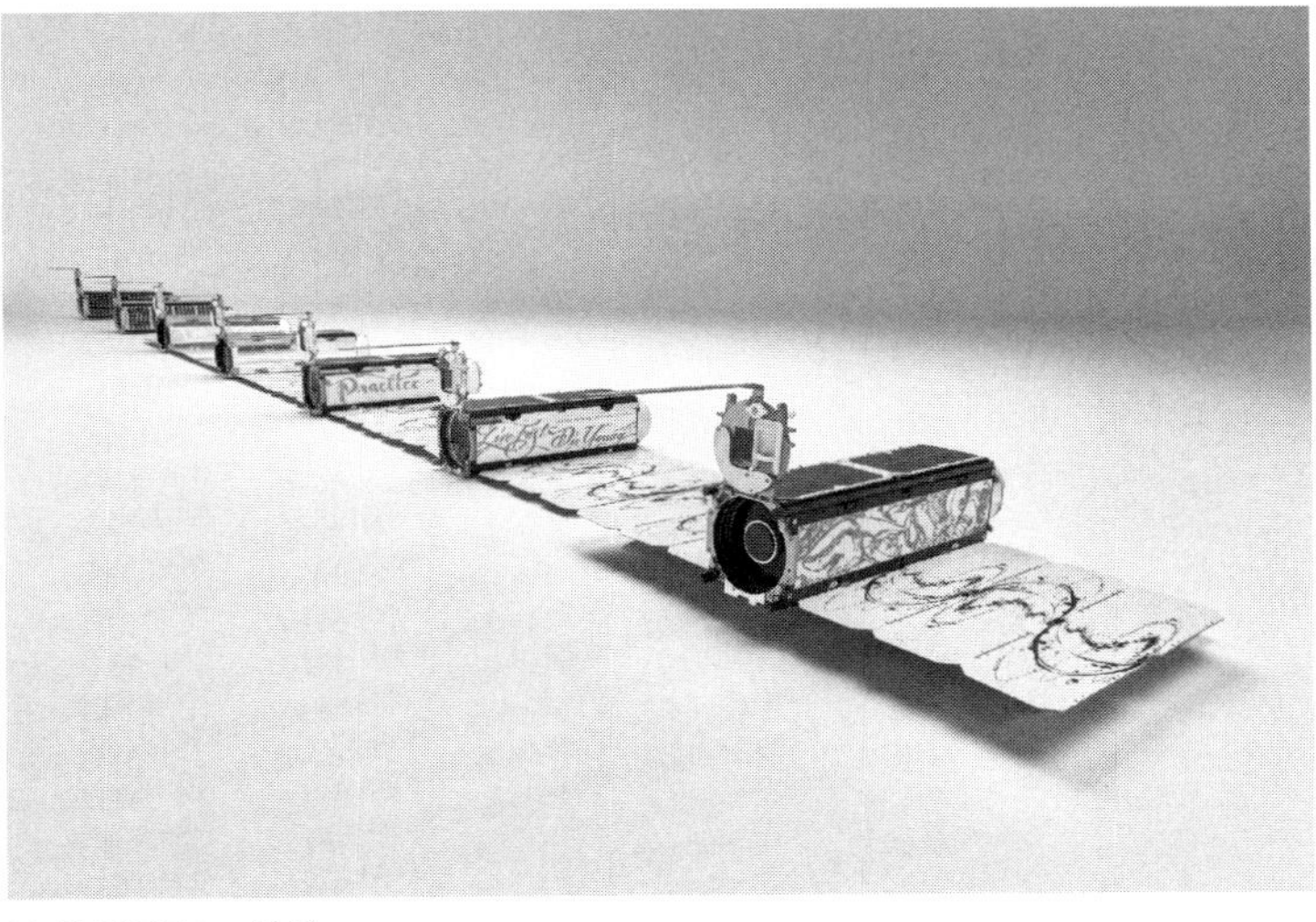

地球観測衛星　ダヴ

プラネットから私たちは何を学ぶことができるか。それは、創造的才能をある特定の領域の人々だけに求めていてはいけないということだろう。「サイエンスとアートの世界で創造性が求められている。私たち（プラネット）は複雑な問題を解決するためにあらゆる分野の創造的な人々の力を借りている」*。

エクササイズ

そう、創造的な思考を取り入れる方法はほかにもある——あなたのチームを刺激する何か創造的なことを始めればよいのだ。フォースクエアの前プロダクト・マネジャーで、現在はフェイスブックのヨーロッパ・アフリカ・中東担当プロダクト・マーケティング・ディレクターを務めるジョン・スタインバックがすばらしい手本を示している。フォースクエアのプロダクト・エクスペリエンスチームはエンジニアやデザイナー、リサーチャーが集まる15人ほどのチームだが、チームのメンバーは、金曜の午後5時になるとコンピューターを離れ、創造的なエクササイズをするミーティングに参加しなければならない。

ピグジビット（PXhibit：プロダクト、エクスペリエンス、エグジビットを合わせた造語）と呼ばれるこの

＊ Planet.com The Imaging company

ミーティングでは、毎週、違うメンバーがリーダー役を務める。リーダーはその日どのようなエクササイズをするかあらかじめ決めておく。エクササイズは、チームの日々の仕事や会社の製品とは一切関係がない。これは想像力を刺激するためのもので、歌の歌詞を絵文字だけ使って書く、自分がどんな人間かを最もよく表すことのできるサンドイッチをデザインする、1000階建てビルのエレベーターのコントロールパネルをデザインする、といったことが課される。重要なのは結果ではなく過程である。想像力を発揮して問題を解決したいチームにとって、これは仕事で自由に創造性を発揮するためのすばらしいエクササイズである※40。

このようなちょっとした創造的エクササイズを行うことで、企業は柔軟性に富んだ創造的で生き生きした環境をつくることができる。また、そんな環境が整うと人は仕事に集中し、新しいチャンスを見つけようとする。

ゼロックス、プラネット、フォースクエア、そしてもちろんアップルは、アートをうまく取り入れてきた。世界を変えるためには、アートやアーティストをインスピレーション、探求心、想像力の源泉とすればよいことを知っていた。そして、エンジニアと科学者がアーティストと関わり合うことで、双方にメリットがもたらされた。

ＡＩＲプログラムに参加するアーティストは新しいテクノロジーを知り、それを自分のアート活動に活かすことができる。さまざまな機械、ツール、材料を自由に使うことも可能で、エンジニアや科学者との交流は、ビジョンを描いて実現する上で大きな力となる。

さまざまな例を取り上げてきたが、企業が、とくに金融機関が所有している美術品のコレクションが話題にならなかったのはなぜだろうと思っている人がいるかもしれない。壁にかかった美術品から確かに社員は刺激を受ける。だが、アートやアート体験を企業に取り入れているもっと積極的な具体例を私は示したかったのだ。

ここで挙げたのはほんの一例だが、私はそこからあることを学んだ。**創造性とアート。それは「リソース」の問題ではなく、「コミットメント」の問題である。**リソースが不足しているので、アートを取り入れ創造性を高める場を設けることはできない。そんなことを言う企業に、私はこう言いたい。「それはリソースではなく、コミットメントの不足だ」と。先の例からわかるように、簡単なエクササイズを週に1度、1時間だけというやり方もある。これなら、大小を問わず、どんな企業でも取り組むことができる。

自社の企業文化を変えて創造性を高めようと考えている人に少しアドバイスしておこう。

小さく始める

本章では創造的な考え方をビジネスに取り入れるさまざまな例を見てきた。かなりのリソースとコミットメントが必要なものもあるが、手堅くいくなら、小さく始めるのがよいだろう。スタインバックが考えた週に1度のエクササイズは、手軽で、費用もかからず、すぐに始められる。あなたもこのようなアートの時間を設けるとよい。チームのメンバーが集まって、いまある製品をさらによいものにするにはどうすればよいかアイデアを出し合う。仕事とはまったく関係のない新製品について話をするのもよい。このようなことを毎週続けていくと自分の担当範囲以外にも考えが及び、これまでとは違う方法で問題を解決できるようになる。このエクササイズを楽しいやり方ですると社員は熱心に取り組み、社内に建設的な雰囲気が生まれ、新しいアイデアを受け入れる社風が生まれる。

いくつかポイントを挙げておこう。

①必ず参加する——定例会議と同じように。
②毎回、別のメンバーがその日の課題を準備する。
③最初の5〜10分間はその課題について一人で考える。

④そのあと全員のアイデアを持ち寄る。**人のアイデアを批評しない。**どんなアイデアも尊重され、しっかりと検討される環境をつくり出す。
⑤その日何を学んだか、プロセスや体験を中心にまとめる。エクササイズのようすをチーム以外の人も見ることができるよう図る。

本格的に取り組む

もっと規模の大きな創造的体験をしたい。そんな人にはＡＩＲプログラムがお勧めだ。社内で社員とアーティストがしっかりと関わり合うものにしなければならない。プラネットのスターンズがしているように。社員とその家族が参加する「アートの夕べ」を開くのもよいだろう。参加者が一緒に絵を描いたり、演奏したり、何かを制作したりする。こうした活動によって人の絆が深まり、前向きな雰囲気が生まれる。

ＡＩＲプログラムを導入すると、組織の創造性が刺激され、チームの従来の視点や考え方を見直す機会を得ることができ、創造的精神を保つのに役立つ。ＡＩＲの計画を立て実施するには、アーティストかカルチャー担当マネジャーを雇うとよいかもしれない。プログラムの実施回数は年１回、２回、３回、実施期間は数週間、数カ月と、さまざまな方法が考えられる。プログラムのための予算を計上する必要があり、社員とアーティストがどのように関わるのかもしっかりと考えておかなければならない。こうしたプログラムをスタートさせるお手伝いをする個人や会社、組織があり、私の会社であるThe Artianもこのサービスを行っている。

毎週／毎月、インスピレーションを得る

講演会は多数の企業で行われている。毎週、あるいは毎月、ある分野の第一人者や専門家、あるいはモチベーショナルスピーカーが招かれる。あなたの会社でもこうした講演会を開けばよい。専門家に業界の最新情報を教えてもらうだけでなく、アーティストや科学者、創造的な起業家を招き、**彼らの**業界のトレンドや、彼らの仕事について話してもらう。そして彼らの創造的プロセスをたどり、彼らが挑戦をどうとらえているのか、どうやってコミュニケーションをとるのかを知る。講演をするのがアーティストなら、どのようにして経験がつくり出されるのか話を聞くとよい。

アーティストと話したことのある人、アーティストの話を聞いたことのある人はどれくらいいるのだろう。それほど多くはいないと思う。美術展に行って、このアーティストは一体何を伝えたいのだろうと思ったことはないだろうか。きっとそうしたケースは多いと思う。だからこそ、アーティストを招いて話をしてもらうことを勧めたい。あなたの業界と関連づけた話を聞くのも

よいだろう。

私の会社でも、アート・起業・ビジネス・イノベーション・テクノロジー関連のイベントを行っている。講演では、たとえば、アートとビッグデータをテーマにした話が聞ける――ビッグデータを使ってアートを分析し、テクノロジーにおけるアートの意味を考える。また、デジタル世界とアナログ世界の間の暮らし――テクノロジーは私たちの生活にどのような影響を及ぼしているか、アーティストの視点――アートを使ってビジネスメッセージを伝える、起業家としてのアーティストといったテーマもある。

このようなイベントはそれほど念入りな計画を必要とせず、費用もさほどかからず、運営も簡単だ。講師は一流の人物である必要はない。だれを招くか社員に聞けば、おもしろそうな人が見つかるはずだ。イベントの運営が好きな人、創造的なことが好きで、同僚のためにおもしろいことをしたいと思っている人。そんな人を社内で見つけて任せてみるのもいいだろう。彼らが講演会の企画をし、興味深い話をする講師を招いてくれる。

社内のリソースを活用する

あなたが大企業のマネジャーなら、おそらく会社は多数の美術品を保有し、アート関連の組織を支援し、美術館に寄付をしているだろう。企業の場合、収集した品はさまざまなビルに散らばっていることが多い。キュレイターに連絡をとり（もし会社にキュレイターがいればの話。いなければ、美術品の購入を担当している部署に連絡する）、コレクションを使って何かできないか相談するとよい。国際現代美術企業コレクション協会（IACCCA）に連絡して、社内で活用する方法を探るのもよいだろう。

また、会社の社会的責任を担当する部署に、アート関連のどの組織をどのように支援しているか問い合わせる。そして、その組織に連絡をし、そこから学ぶ術がないか考えてみる。

あなたの最も大切なリソースは社員だろう。私がプレゼンをすると、そのあと多くの人がやってきて、デザインをしている、アート作品をつくっているなど、創造的な活動をしていることを教えてくれる。あなたの会社にもアート関連の趣味やスキルを持っている人がきっと多数いるだろう。社員に尋ねたら、音楽や絵画、詩、工芸などをしている人が現れるはずだ。彼らがその創造的体験を同僚と共有できるよう、話をする場を設けてはどうだろう。そういう人々を大切にし、アートに興味を持ってスキルを磨いていることの重要性を強調しなければならない。社員の多くがアート関連の趣味を持っていても、「ビジネスの役に立つわけではない」ので話したがらない。人にあれこれ言われたくない人もいる。あなたは創造的な、アートを支援する環境をつくり出すことができるだろうか。芸術的表現は受け入れられるだけでなく必要とされており、むしろ褒められるべきものだということを明確にすると、きっとうまくいくだろう。

最後に一言。こうした活動は社員だけに求めるのではない。マネジャーも参加すべきである。企業の創造性を高めるにはボトムアップ方式が最適である。マネジャーは社員と一緒に訓練を受け、創造的活動に参加し、ともに創造しなければならない。そうすることで、新しいアイデアに対してオープンで、それを実際に形にできるマネジャーが生まれるのである。

第 3 章

アートとイノベーション

ART AND INNOVATION

イノベーションにおけるアートの役割

「イノベーション」。私たちはこの言葉がメディアにいやというほど登場する時代を生きている。企業はこの言葉を使って市場で自らの売り込みを図る。グーグル・ブックスで「イノベーション」と検索すると、３００万件くらいヒットする。カンファレンス、コンサルティング会社、大学、マネジャー向けプログラム。どこに行ってもイノベーションが大きな課題として取り上げられる。

確かにイノベーションは重要である。イノベーションによって人類の新しい道が開け、私たちの生活に影響を及ぼす重大な問題を解決することが可能になる。企業に関して言うなら、イノベーションによって企業は存続する。

では、イノベーションがそれほど重要なら、なぜ企業はそれに逆らうような仕組みになっているのだろう。マネジャーは皆、同じ考え方をするよう訓練されている。私たちは独創的なアイデアを同じところに求める。会社は同じ方法で同じ大学の学生を採用し、同じような仕事に就かせる――彼らはたぶん似たような成果を上げるのだろう。だれもが同じやり方で同じことをしていたら、革新も差別化も期待しようがない。

イノベーションのベースとなるのは創造力である。創造力を横に置いて、イノベーションについて語ることはできない。イノベーションと創造力。この二つの語はほとんど区別せずに使われることが多いが、同義ではない。創造力が触媒となって反応・変化を促し、イノベーションを引き起こすことはあるが、イノベーションが触媒となって創造力を生み出すことはない。

創造力の意味くらいわかっていると言われるかもしれないが、一般にはどのように定義されているのか押さえておこう。創造力とは新しいものをつくり出す能力、新しい考え方をする能力、新しいアイデアを生み出す能力、ユニークな発想で無関係と思われていたものを結びつける能力である。

一方、イノベーションとは、こうした新しいアイデア・コンセプト・方法を取り入れることである。そして、企業におけるイノベーションとは、業界や市場にとって価値のある新しい製品・サービスを生み出すことである。

創造力は何か新しいものを生み出すが、イノベーションには以前からある商品やプロセスを改めるケースも含まれる。おわかりのように、二つの定義はよく似ていて、どちらにも「新しい」「アイデア」という語が使われている。言い換えるなら、創造力は新しさの源であり、イノベーションは創造的アイデア、新しくなったアイデアを活かすことである。

ここで一つはっきりさせておかなければならないのは、創造力の重要性を認めて育てようという気のない企業が本当に革新的な組織になるのは不可能だということである。新しい製品・サービス・プロセスを**つくり出す**(イノベーション)ためには、想像をめぐらし、新しいアイデアを生み出す**知力**(創造力)が必要なのだ。

プラネットで見たように、創造力はそれまで無関係と思われていたような領域でも発揮されている。したがって、企業は自問してみる必要がある。創造性、そしてさらにはイノベーションへとつながる環境を私たちはどのようにしてつくり出し、整備し、維持していくのか、と。周囲の変化に敏感で、生き生きとした、創造的な組織、つまり、イノベーションの可能な組織になるために、これまでさまざまな企業がさまざまな戦略を立ててきた。

ビジネスや起業の世界について考えるとき、私たちがそれをアートやアーティストの世界と関連づけて考えることはまずない。なぜなら、アートは心に訴えるものだからである。アートとは美術館で見るもの、劇場で体験するもの、映画館で楽しむものと私たちは考えている。だが、それは間違いだ。イノベーションにおいては、アートとアーティストがビジネス界の協力者として大きな力を発揮する。さらに、後ほど述べるが、アーティストは革新的な方法で考えるよう訓練されている。

今日、イノベーションにおけるデザインの役割、イノベーションを実現するデザイン思考、デザイン主導型企業、企業におけるデザイナーの役割など、デザインは大きく取り上げられている。ところが、アートとアーティストの果たす役割はあまり認識されていない。

想像力をはたらかせて、私たちの生活を変えることのできる新しい製品・サービス・アイデアを生み出すのは、簡単なことではない。左脳――逐次的・文字的・機能的・テキスト的・分析的――だけを使うよう訓練されていると、未来について考え、その姿を思い描くのはむずかしい。イノベーションに必要なのは右脳型思考――想像的・芸術的・直感的――である。これはアーティストの得意とするところだ。

だが、なぜイノベーションの世界で、アーティストが重要な協力者となるのか。そう思っている人がいるかもしれない。

生まれながらの探求者

「アーティストは完全にわかっているわけではない——私たちは推測するだけ。間違っているかもしれないけれど、暗闇の中でひたすら跳び続ける」

アグネス・デ＝ミル
アメリカの舞踏家・振付師

アーティストは大多数の意見や現状といったものにとらわれない。彼らは必ずしも解決策を求めているわけではない。その代わり、彼らはあれこれ思いめぐらす。さまざまなことに興味を持ち、生まれついての探求者であるアーティストは、私たちが住むこの世界や、私たちのものごとのやり方について「質問」を投げかける。

「もし○○ならどうなるだろう」「△△してはどうだろう」「何が起きるだろう」。彼らはよくこう尋ねるが、こういう質問が私たちを探索へと導く。イノベーションを起こすには興味をかきたてる質問が必要である。

アーティストとは、さまざまな可能性を探り、ほかにも選択肢がないか検討し、新しい考えを言葉で表して未知のものを既知に変える人々である。探求者である彼らは、自由に実験をする。

考え方を問い直す

イノベーションを起こすには、視点を変えて世界をとらえ、欠点やチャンス、解決しなければならない問題がどこにあるかを理解する能力が求められる。これは「現状に異議を唱える」ということである。アーティストは、伝統的な考え方の見直しを求めてきた人々である。偉大な芸術運動の歴史、あるいは偉大なアーティストを見てみると、広く認められるようになったもの、当然とされているものに対して、アーティストが繰り返し大胆に疑問を投げかけてきたことがわかるだろう。

マルセル・デュシャンは、私たちのアートに対する考え方・見方を変えたアーティストの一人である。彼のような方法で「アートの歴史の流れ」を変えたアーティストは、ほとんど見当たらない。

デュシャンはキュビスム・未来派・ダダの先駆者の一人である。彼の有名な『泉』という作品は、20世紀の最も知的に魅力的で挑戦的な作品だと言えるだろう。それは作品そのものがそうだというわけではなく、デュシャンがこの作品によって確立した考え方がそうなのである。1917年に彼は『泉』——「R・マット、1917」と書いた、前後に90度に傾けた男性用小便器——をニューヨークのアンデパンダン展に出品した。

この作品の重要性は、ある雑誌に掲載された匿名記事を読めばよくわかるだろう。この記事は、アーティストのベアトリス・ウッドが書いたものとみられている。

「マット氏が自らの手で『泉』を制作したかどうかは問題ではない。彼はそれを選んだのだ。彼は日用品を選び、新しい作品名と新しい観点のもと、その有用性が消えるように置いた。そして、その物体に対する新しい思考を生み出したのである」

「アートはものではなくコンセプトである」という考え方が、『泉』をほかとは異なる作品にし、20世紀のアートに関する考え方に多大な影響を及ぼした。

問題を解決するために新しい質問をするには創造的な想像力が必要で、ときには逆転の発想さえ求められる。

アートと文化との関係

顧客の欲求や願望を理解するのは簡単なことではない。それを製品・サービスに変えるのはさらに難しいだろう。製品やサービス・プロセス・行動の未来のトレンドの多くは、すでに街を行く人々、とくに若い人々の姿に見てとることができる。

有史以来、アーティストは、現実の世界で起きていることをアートで表現してきた。文化・価値観・願望をよく観察し、興味深い方法でそれを表現して、鏡のような役割を果たした。アーティストは、現代の生活のさまざまな側面――宗教・政治・今日的問題――の本質についてどう考えるかを伝える。彼らは社会の片隅にいる人々や、アングラ・カウンターカルチャーと結びつくことが多い。しかし、歴史を見ればわかるように、主流派はたいてい、かつては少数派だったのである。

たとえばヒップスター文化について考えてみよう。これは現代のサブカルチャーで、インディーズやオルタナティブ音楽、メインストリームとは異なるファッション、ビンテージ、古着屋と結びつけてとらえられることが多い。大半の人はヒップスター文化を新しい現象と考えているが、実際には1940年代に始まった。

ヒップスターは、ピアニストのハリー・ギブソンがジャズムーブメントの中、1944年につくり出した言葉である。ジャズ愛好家や、ジャズ演奏家のような生活スタイルを身につけている人、ジャズ界の新しいトレンドに通じている人々を、ギブソンはヒップスターと呼んだ。現代では、都会に住む主に白人の成人で、長く忘れられていたスタイル・ブランドの衣服やビール・煙草・音楽を好む人を指す。彼らは持続可能な暮らしをし、オーガニックなグルテンフリーの穀物を食べたいと考えている。だが、いちばんに望んでいるのは、自分が独自の存在――メインストリームから離れ、自分自身の文化を持っている――として認められることである。

しかし、ヒップスターは歴史的にサブカルチャーだったが、いまはそうではなくなっている。ヒップスターは見たところ、だれもが同じような服を着て、同じような行動をしている。一目でヒップスターとわかるのは、そもそもヒップスターの信条に反するのではないか。ヒップスターはメインストリームやトレンディなものは受けつけないはずである――ところがいまは**彼ら**がメインストリームになり、アーティストはすでに離れてしまった。本人たちはどう思っているか知らないが、ヒップスターは新しい経済を生み出した。ヒップスター文化では、カスタムメイドの自転車・服・コーヒーと、何であれ、質の高いものが求められる。彼らが生み出したのは「職人経済」である。

ジャズムーブメントはヒップスターを生んだ。ジャスパー・ジョーンズ、ロバート・ラウシェンバーグ、そして、もちろんアンディ・ウォーホルはポップカルチャーを広め、ジャン＝ミシェル・バスキアは都会のグラフィティ・アーティストの生き方を示した。アートは社会にじわじわと影響を及ぼしていく。アイデアは高尚なアートや文化の中で生まれ、それが次第にメインストリームへと変わっていく。

アーティストは私たちの暮らし方にも影響を及ぼしてきた。アメリカ、ニューヨーク市のソーホーは、高級なブティックやチェーン店、お金持ち相手のギャラリー、美しいコーヒーショップ、バー、レストランが立ち並ぶトレンディなエリアである。だが、1950年代、60年代はまったくようすが違った。ロウアーマンハッタンは危険な工業地域で、だれも住みたいとは思わなかった。地位のある人はソーホーには近づかなかった。

ところが状況は変わった。1950年代、60年代にアーティストが流入してきたのだ。アート市場が発達し、アートが経済的価値づけをされるようになると、アーティストは「収集不能な芸術品」――大きくてかさばる作品――を制作して抵抗した。1960年代、70年代にアート市場が拡大すると、「オルタナティブ・スペース」という動きが生まれた。「収集不能な美術品」を制作するために、アーティストは賃料の安い、制作と生活のできる広いスペースを求めた。彼らはそのスペースをロウアーマンハッタンの工業地域で見つけた。ソーホーである※41。

アーティストは制作と生活のできる場を得た。ギャラリーはこの動きを見逃さなかった。「現代アート」を専門に扱うニューヨークの「アップタウン」のギャラリーがいくつか、ソーホーの大きなロフトに支店を設け、さらに、新しいギャラリーのオープンも相次いだ。ソーホーに最初のギャラリーができたのは1968年だが、1978年にはそれが78まで増えていた。この動きによって新しい暮らし方が生まれた――「ロフトリビング」である。

ロフトリビングはトレンディ、アートというコンセプトで人気を得て、最上階部分をアパートにした新しい建物が世界中で建設されている。市場に対する抵抗として始まったものがニューヨークの中産階級のための新しい市場を生み、それがさらに世界へと広がった。

あるトレンドが見られるとき、それが何をきっかけに生まれたのか、考えたことはおありだろうか。一体、何が起きているのだろう、これは何を意味しているのか、次はどこへ向かうのか。そう考えると、がぜん興味が湧いてくる。

トレンドは多くの場合、街中で生まれる。アーティストは街の人々の暮らしからインスピレーションを得る。アートの世界に目を向けると、アート作品は時代の雰囲気をとらえていることがわかるだろう。それは過去だけの話ではない。現代の作品からも時代の気分を感じとることができる。

顧客を理解するには、いまの世界に**身を置く**ことが重要である――アートを鑑賞し、映画を見、音楽を聴き、雑誌を読む。文化に適切に対応するには、今日の文化がどのようなものか知らなければならない。

今日の文化について学び、さまざまなアイデアや急速に広まっている新しい考え方を理解したいと思うなら、アーティストと話をすればよい。アーティストは私たちを過去・現在・未来とつなぎ、ときには同時につなぐことさえできる。それは、アートは文化に反応して、文化はアートに反応して生み出されるものだからである。

想像できないものを想像する

「私は自由に想像をめぐらすことができるという点でアーティストだと言える。想像力は知識より重要だ。知識には限界があるが、想像力は世界を包み込む」

アルベルト・アインシュタイン

イノベーションが私たちの未来を想像することであるなら、想像力をはたらかせる訓練を受けていない私たちは、どうやってイノベーションを起こせばよいのか。学校でも職場でも、私たちは左脳を使うことしか教えられなかった——論理的・直線的には考えるが、創造的に考える能力はほとんど、あるいはまったくない。

アーティストは私たちのエージェントになってくれる。未来について考える私たちを助けてくれる。彼らには、想像できないものを想像する力がある。オランダの15世紀の画家、ヒエロニムス・ボスの作品をご存じだろうか。知っているという人は、きっと多数の奇怪な生き物や建物、奇妙な人々を目にしただろう。

独創的な彼の絵には、計り知れない想像力が生み出した幻想的で奇異な生き物が描かれている。彼の描く天国と地獄には不思議な生き物がいる。彼の作品は「すばらしくて奇妙な幻想の世界」と評され、彼は「怪物とキメラの発明者」と考えられた。ボスの作品はシュルレアリスムを思わせる。シュルレアリスムは20世紀の芸術思潮で、フロイトの深層心理学の影響を受け、意識下の世界を追求した。ボスが生きていたのはそのほぼ500年も前の時代である。彼の作品には15世紀の人間の無意識の世界が描かれている。

ボスのすばらしい想像力にそれほど興味を惹かれない人もいるかもしれない。しかし、アートにもイノベーションにもまず必要なのが、この想像力である。ボスも、同時代を生きたレオナルド・ダ・ヴィンチ（1452–1519）も、アーティストの無限と思われる想像力をいかんなく発揮した。

ダ・ヴィンチは偉大な画家・彫刻家・建築家・音楽家であり、科学者・発明家・エンジニアでもあった。彼はさまざまなものを考案したが、それを実際に製作するための技術が生まれるはるか以前にそうしたアイデアを持っていたのは、驚くべきことである。彼の残した発明品・改良品のスケッチには、戦車や機関銃のような兵器から、ヘリコプターやオーニソプター（鳥のように翼を羽ばたかせることによって飛ぶ飛行機）のような航空機械まで、多種多様なものが描かれていた。パラシュートや潜水服、水中で使う道具類のスケッチもある。発明家のダ・ヴィンチは、アーティストのダ・ヴィンチ同様、従来の考え方の枠を超えること、「大きな夢を見る」ことを恐れなかった。

企業における研究開発は、アーティストのような創造的な人々が加わると、一段と成果が上がる。アーティストはいつのときも、時代に先んじて新しいアイデアを生み出してきた。ダ・ヴィンチの例を見ればわかるように、そうした「アイデア」の多くは製品・サービスへと変わり、テクノロジーの発達につながった。例を挙げてお話ししよう。

都市の通りや建物を再現した地図は本当に有用である。そういう地図を作製するには、全方位カメラを車に積んで町中を走り、写真を撮影する。

いまごろそんな話をしているのか、この本はいつ書かれたんだ。そう思って、本書の発行日を確かめようとしているあなた。そう、確かにグーグルのストリートビューはもう特別なツールではない。しかし、このアイデアが生まれたのは実は1970年代。グーグル・マップが登場するはるか以前に、マサチューセッツ工科大学（MIT）の学生グループが、いま述べた写真撮影をコロラド州のアスペンで行っていたのである。

1978年にMITの研究者は、アーティストのマイケル・ネイマークとともに「アスペン・ムービー・マップ」というプロジェクトを進めていた。これは、コンピューター制御ビデオディスクを用いて、アスペンの町を自由に移動できる「バーチャルトラベル」システムを開発するプロジェクトだった。研究者は「本当に町を『初めて訪れた』ような気がし、（実際に訪れると）くつろいだ気分になって、以前来たことがあると思える」、そんなインタラクティブな体験を提供することを目指した*。

チームはジープで町のすべての通りを走り、すべての建物を撮影した。全方向を撮るためにジープの屋根には数台のカメラが設置され、カメラはジープが10フィート（約3メートル）進むごとに撮影するよう設定された（距離は、ジープの後ろに取り付けた自転車の車輪にセンサーを装着して計測した）。

撮影した画像を地図にまとめたチームは、次に、地図上を思いのままに移動できるシステムを

＊ アンディ・リップマン、プロジェクト研究責任者

つくった。ナビゲーションボタンでアスペンを自由に動き回るのである。これはアナログのビデオとデジタルのインターフェイスを組み合わせたものだったが、好きなルートで町をドライブすることができた。さらに、建物に近づいて正面の装飾をじっくり見たり、場合によっては、建物の中に入ったりすることも可能だった。現在のシステムにそっくりではないか。

アスペン・ムービー・マップ（上）と、撮影に使われた車（下）

16もの特許を持つマイケル・ネイマークは、テクノロジーを利用してブレイクスルーを起こすアーティストである。彼は常に新しいテクノロジーと、そのテクノロジーが私たちの文化に及ぼす影響について考えてきた。アーティスト、発明家、そして仮想現実とニューメディアアートの研究者であるネイマークは、プロジェクションマッピングやバーチャルトラベル、ライブ・グローバル・ビデオ、文化保護を通じて「場所表現」を行っている。

アスペン・ムービー・マップはグーグル・ストリートビューやビューファインダーの先駆けの一つである[※42]。ビューファインダーは、三次元表示をだれもが利用できる方法を見つけるためのプロジェクトだ。アスペン・ムービー・マップの開発で重要な役割を果たしたネイマークは、場所・ビデオ・インタラクティビティ・バーチャルリアリティの関係を探り続けてきた。新しい技術を使って、彼は「場所」を体験するための新しい方法を考え出している。

ここで、ウェブサービスについて考えてみよう。ウェブサービスは、ユーザーが何を検索したか情報を集め、次の質問に答えることができる。

・だれが検索しているのか
・ユーザーにとって何が重要か
・このユーザーは似たようなキーワードを使ってもう一度検索するだろうか

これらの質問についてよく考えてから、続きを読んでほしい。

グーグル検索、クッキー、フェイスブック検索。あなたはたぶんこうしたものをイメージしただろう。ほとんどの人がそうだ。しかし、前出のゼロックスのパロアルト研究所（PARC）では、このような質問を念頭に置いて、1994〜96年にウェブサービスプロジェクトが進められていた。プロジェクトチームのメンバーは、ゼロックスの研究員、ジョック・マッキンレー、ポル・

ゼルウィガーと、アーティストのスティーヴン・ウィルソンだった。

ウィルソンは、芸術的表現手段として新しいテクノロジーを使うニューメディア・アーティストで、「テクノロジーの文化的意味」に関心を持っていた。コンピューターを利用した彼のアート作品は、目に見えない相手とのインタラクション、情報のビジュアル化、AI、ロボット工学などについて考えるものである。ウィルソンは研究におけるアーティストの役割についても大いに関心があった。彼はいくつかのテクノロジー企業でベータ版テスト技術者、ディベロッパーを務め、プリンターとコンピューターネットワークとの接続を可能にして、ネイマークのように特許を取得している。

1994年1月、ウィルソンはPARCのAIRプログラムに参加した。アーティストとして、テクノロジーが人々にどのような影響を及ぼすのか興味を抱いていた彼は、(1991年に利用が始まった)新しいテクノロジー、ワールド・ワイド・ウェブ――つまり、インターネットの影響について研究することにした。とくに関心があったのは検索プロセスである。「人がウェブをどのように利用するかを知れば、その人物がどういう人かもわかるのではないか」と彼は考えていた。

3人は「ポートレイト・オブ・ア・ウェブ・サーチ」というプロジェクトを開始した。これは、ユーザーの検索について調べるものだった。そうして得た情報から、その人物の「ポートレイト」

を描く。人がネット上でどのように行動し、どのページを閲覧したか、情報を収集するわけだが、ウィルソンはさらに一歩踏み込んだ。

彼は検索の別の側面にも関心を持った。それは、その人物が何を選択しなかったかである。何をクリックしなかったかを知れば、その人物のことがさらによくわかるのではないかと彼は考えた。そして始まったのが「ザ・ロード・ノット・テイクン」と「ホワッツ・アヘッド」というプロジェクトである。前者は、閲覧者が何を実際にクリックしたかではなく、何をクリックすることが可能だったか、情報を収集する。後者では、何をクリックしなかったかという情報に加え、閲覧ページがどのようなページにリンクしていたかという情報を収集する。

これは、研究・開発を進める上で、アーティストがいかに大きな力となるかを示しているよい例である。これらのプロジェクトが実用化されることはなかったが、これによって3人は、サービスや新しい手法のためのアイデアを探り、形のある「製品」ではなく、「意味」について考えたのである。

次に、アーティストの発想がどのようにして製品・サービスの開発につながるか、それを示す例を挙げよう。

エンジニアやアーティストなどの人々は互いに学び合い、一緒に何かを生み出せることを、企業が気づくはるか以前から認識していた。アーティストとエンジニアと科学者が協力して大きな成果を上げた例はいくつかあるが、その中の一つは、1960年代に活動が始まった。

ベル研究所のエンジニア、ビリー・クルーヴァーはアートに関心を持っていた。当時、ベル研究所の在籍者は、自分のやりたいプロジェクトを進める自由な時間を与えられていた——今日、同じようなことがテクノロジー企業でよく見られる。クルーヴァーはニューヨークに行き、アートを鑑賞し、アーティストに会い、やがてアートの場に足を踏み入れて、アーティストと活動するようになった。そして、同僚のエンジニア、フレッド・ワルドハウアー、アーティストのロバート・ラウシェンバーグ、ロバート・ホイットマンと共にEAT（Experiments in Art and Technology）を結成した。

この非営利組織はアートと産業・テクノロジーの融合を促進することを目指し、アーティストとエンジニアを結ぶさまざまなプロジェクトを進めた。活動は成功を収め、1969年にはアーティストとエンジニアの会員がそれぞれ2000人に達した。

EATの活動は、1970年代に頂点に達した。飲料メーカーのペプシコの依頼を受け、大阪で開催された日本万国博覧会のペプシ館のデザインを、アーティストとエンジニアが共同で手がけたのだ。「パビリオンはすばらしいインタラクティブな場とし、建物が消えて、見る人々をあっと言わせるようなものにしてほしい」。それがペプシコの希望だった。

だが、アーティストからは別の案が出た。霧をつくってパビリオンを包み込もうというのだ。中《なか》谷《や》芙二子《ふじこ》は日本のアーティストで、クルーヴァーの招きを受けて参加していた。１９３３年に札幌で生まれた中谷は「霧のアーティスト」である。父は物理学者で随筆家の中谷宇吉郎。雪氷学と雪の結晶の写真で有名な人物だ。中谷は水に魅せられ、気象という自然現象に対して驚きの念を持っているが、作品にもそれが反映されている。

１９７０年代まで、霧は化学的方法でしかつくることができなかった。しかし中谷は、水と電気で霧をつくり出せると主張した。これを証明するために、彼女はカリフォルニアの雲物理学者、トーマス・ミーの協力を得て、最初の霧のインスタレーションを制作した。ミーは蘭を霜から守るために化学的に霧をつくり出す方法を開発していた。二人は議論を重ね、協力し、実験を幾度となく繰り返し、水で人工霧をつくることに成功した。

水でつくった霧はパビリオンを包み込んだ。二人はこの技術で特許を取ることができた。そして、中谷とミーの協力は、その後40年間も続いた。

これは、アーティストとエンジニアが協力し合うとイノベーションにつながることを示す、すばらしい例である。ミー・インダストリーズ社は現在、この水を使った霧発生技術を農業・工業分野に応用し、温室や情報処理センター、工場のガスタービンの冷却に利用している。

EATのニュースレターを読むと、クルーヴァーやラウシェンバーグが、このような協力を価値あるものと考えていたということがよくわかる。

「アーティストとエンジニアの協力は、アートにテクノロジーを加えるだけのものであってはならない。アーティストのプロジェクトに関わってきたエンジニアは、アーティストの洞察力が自分の進む方向に影響を及ぼし、自分の仕事に人間的要素を加えてくれることを知って

霧で包み込まれたペプシ館

いる。一方、伝統的に社会を形づくっている人々と関わってきたアーティストは、テクノロジーの世界で制作をしたいと考えている。アーティストとエンジニアの協力は革命的な今日的・社会学的プロセスとして生じている。EATは、産業界の支援を受けたアーティストとエンジニアとの効果的な協力関係が新しい可能性を生み出し、それが社会全体に利益をもたらすという強い信念のもと、活動を行っている」※43

イノベーションという空間は、未知のものとわからないことで満ちている。イノベーションとは、想像力をはたらかせて可能性やチャンスを追うことである。だが、さらに重要なのは、異なった分野が出会うとき、さまざまな意見が交わされるとき、いろんなチームが集まったとき、イノベーションは起きるという点である。

イノベーションはアーティストを中心に進めなければならない。どんな製品・サービスを提供するか決まってから参加したのでは遅い。

イノベーションはより広い視点からとらえなければならない。重要なのはテクノロジーではなく、テクノロジーの人間的側面、「テクノロジーが人間にどう役立つか」という点である。技術的側面だけでなく、文化的側面にも目を向けなければならない。短期的視点からビジネス上の判断を下すと、長期的な文化の変化に耐えることができないかもしれない。

イノベーションは企業にとって「酸素」のようなものである。これがなければ存続できない。私たちはリーダーとして新しい考え方をするようはたらきかけていかなければならない。エンジニアやプログラマー、科学者のような人々は、決まった考え方をする傾向がある。それを改めるとよい結果につながるかもしれない。

アーティストにはテクノロジーの潜在的価値を示す能力がある。新しいテクノロジーをどう活かすか考えて、プロトタイプをつくることができる。そして、私たちがアイデアを生み出して育てるときも、大きな力になってくれる。

企業では、マネジャーが「イノベーションを起こす」のではなく、「イノベーションについて語る」ことが多い。この二つは異なったアプローチである。「語る」と宣伝になるかもしれないが、企業が生き残るには「起こす」ことが肝要である。企業ではエゴイズムのために――あるいは、あるアイデアを試すのが予算的にむずかしいことから――イノベーションや発明が妨げられることがある。これも何とかしなければならない。

アイデアは日々生まれるが、わきに追いやられ、アーティストが見つけ出して宝に変えてくれるのを待っている。アイデアが忘れ去られないよう、アーティストの力を借りるとよい。アーティストの目を通して見ると、単なるアイデアだったものが発明・発見につながり、業界を変えないとも限らない。

アーティスト・起業家・研究者の協力が進むことで、さらに大きなことを成し遂げることができる。

第 4 章

アートとスキル

ART AND SKILLS

アーティスティック・マインドセット

アーティストのアイデアが大きく花開いた例が、ここ数十年の間にいくつか見られた。そうした例は限られているが、この概念的思考をすばらしいと思うことが、私には何度もあった。多くの場合、それはアーティストの友人と一緒にいるときだった。私は起業の世界で会社やプロジェクトを立ち上げ、運営していたのに、アーティストと話をしていると、思考という点で彼らにはかなわないといつも感じた。彼らはなぜ発想が違うのか。なぜあのように考えるのだろう。私は彼らから学ばなければならないと思った。

アーティストは、なぜ左脳型思考をする人々と考え方が異なるのか、何年もの間、私は考えて、ようやくその答えを見つけ出した。それは、彼らが「独自の思考スキル」を身につけているからだ——そして、イノベーションに必要なのが、まさにこのスキルなのである。ビジネス界ではそのような考え方は教えられていない。私たちには創造的な右脳型思考が欠けている。だから、イノベーションを起こすにはアートが必要なのである。

真に革新的な企業になるには、創造性の重要性を認識し、育成を図らなければならない。21世紀に入ってからは、「共通の認識を持って問題を解決する、協力的なプロセスの中で生まれる創造性」に対する関心が高まっている。創造性はアートの要《かなめ》である。したがって、アート教育を行えば、イノベーターとなるのに必要な多くのことが学べる。

アーティストはその活動を通して、自然と問題の認識と解決・批判的思考・コミュニケーション・鋭敏さなど、イノベーションに必要なスキルを数多く身につけ、それを芸術活動の中で発揮している。

一般的に、イノベーターや創造的な人は、生来すばらしい能力を備えていると考えられている。「彼らは生まれつき右脳型だ、だから創造的・革新的なのだ」「すばらしい能力があるかないか、そのどちらかしかない」。世間ではそう考えられている。しかし、そんなに単純な話なのだろうか。

実は、こうした考え方は誤りであることがわかっている。

創造的スキルは、天賦の才でもなければ、遺伝的なものでもない。創造的スキルは開発することができる。マートン・レズニコフ、ジョージ・ドミノ、キャロリン・ブリッジズ、マートン・ハニモンが行った包括的研究によって、これが確認されている。15歳から22歳までの一卵性双生児、二卵性双生児、117組を対象に行われたこの研究によると、10種類の創造性テストで一卵性双生児が出した成績のうち、遺伝で説明できるのはわずか30パーセントだった。一卵性双生児の創造性について調べた他の六つの研究でも、レズニコフらの研究と同じような結果が出ている。遺伝で説明できるのは25~40パーセントにとどまったのである。

これは朗報だ。イノベーションに必要なスキルの60~75パーセントは、高め、身につけることができる。創造性に関しては、「生まれより育ち」なのだ。時間をかけて必要なスキルを伸ばせば、私たちはもっと創造的・革新的になることができる。そして、さらには、より革新的なアイデアを生み出し、考えるだけでなく行動もできる。

アーティストは何が人と違うのか。それを理解するのに、私は何年も要した。会話を重ね、数多くの書籍を読み、たいへんな時間をかけて研究をした。そしてわかったのが、アーティストは、一連の特別なスキルを持っているということだった——このスキルを私は「アーティスティック・マインドセット」と呼んでいる。イノベーションの世界で必要とされるのはこれである。アートの世界のスキルでビジネス界にも関係のあるものは、ほかにも多数ある。しかし、人やチームがイノベーターへと変わるとき、とくに重要と思われるスキルをここでは取り上げる。

スキル① 観察

「周囲の世界を『見る』と『眺める』とでは大違いである。決定的に異なっている。周囲の世界を眺めると、社会のものすべてが、私たちに生来備わっている『見る』という能力を台なしにしてしまうだろう」

フレデリック・フランク
アーティスト

創造性の基本は「観察」である。世界はひと目見ればわかるように思えるが、世界を観察する力は重要である。観察はまず、日々の生活のテクスチャーやトーンに意識を向けるところから始まる。観察するときは、判断を下さずに見聞きしなければならない。洞察を得てブレイクスルーにつなげようと考えているなら、自分がいま見ているものに対する偏見・好み・先入観から抜け出すことが重要である。

イノベーションのためのプロジェクトでは、ビジネス界であれ、社会であれ、行政機関であれ、時間をとってよく観察するよう言われる――クライアント、その特質・行動・商品に対する反応、周囲の状況を注意深く見るのである。

観察は非常に重要だ。私たちはそう言われる。確かに観察はイノベーションの鍵である。だが、観察力というものは自然に備わっていて、しっかり機能を果たすというとらえ方は間違っていないだろうか。要するに、観察力を開発・育成する必要はないかのように考えられているのだ。しかし、観察とは正確には何だろう。オックスフォード・オンライン辞典にはこう書いてある。「事物や人を注意深く見ること。そこにある種々の事情を知ること」。この定義によれば、観察とは受動的ではなく、能動的な行為である。

私たちはこう考える。私たちには目があって、ものを見るのだから、観察くらいできるはずだ。しかし、これはとんでもない思い込みである。私たちは周囲の世界を眺めていても、じっくり観察しているわけではないし、種々の事情に注意を払っているわけでもない。

アーティストのフレデリック・フランクはこう述べている。「カメラやコンピューター、美術書やビデオ」といったものが次々と登場し、私たちは周囲の世界から切り離されていくような感覚を覚えている。こうしたものが私たちを、「主体」を眺める「客体」に変えている。「私たちは人やものを眺めるだけになってしまった。見るから眺めるにさらに退行していくと……私たちは見ようとしなくなり、生の喜びや痛みをあまり感じなくなり、自分からも人からも遠ざかっていく」。フレデリックがこう書いたのは1970年代初め。彼が私たちのいまの文化——1日数時間スマートフォンに向かっている——を見たら大きな衝撃を受けるだろう。

私たちはスマートフォンで膨大な数の画像を見て時間を過ごしている。インスタグラムに数分目を通し、たぶん数百枚の写真を見る。フリッカーやフェイスブックを閲覧しても、友人や家族、他人の撮った日常の写真がいやというほど現れる。

そして、私たちは美術館に行ってもこれと同じことをしている。展示されているすべての作品をざっと見て、わずか1、2時間で出てくるのだ——数百枚のすばらしい芸術作品を「眺める」だけである。あなたは立ち止まって考えたことがあるだろうか。この作品は一体何なのか。どういう状況が描かれているのか。この絵から何がわかるのか。こんなことを考える人はほとんどいない。私も観察することを身につけるまで、考えもしなかった。

私たちが観察をスキルと考えていないのは、観察することを教えられていないからである。教育の場で、私たちは読み書きや、話すこと、そして社会での振る舞い方まで教えられるが、観察となると、だれも教えてくれない。細かい観察の重要性が強調されることはほとんどない。しかし、私たちは観察力を身につけて磨きをかけなければならない。観察というスキルを習得すると、この世界の事物や出来事・意識・現象について知ることができるのだ。

私たちの大半は、観察することに慣れていないが、中には観察スキルを身につけている人もいる。アートとアーティストについて考えてみよう。アーティストは、人生というパレードに参加せず、人の失敗や争い、涙を傍から見ている、というイメージを抱かれている。アーティストは、自分の周囲の世界をスポンジのように吸収する。世界を理解するには、見る、聞く、そして経験することが必要だからである。したがって、アーティストはまず観察力が必要になる。アーティストは観察者であり、社会研究やアート作品、小説の題材を求めてフィールドワークをするために、客観的態度を身につけている。

アート、とくに視覚芸術においては、観察が重要である。ここでは言葉もテキストも使えない。使えるのは視覚だけである。アートを鑑賞するときは、時間をかけて細部を見なければならない――何の判断も交えず、ディテールを客観的に頭に焼きつける。次に、目の前の作品が何であるかを理解する。そして、部分と部分を結びつける。こうした作業を終えて、初めて私たちは、その作品が本質的にどのような意味を持っているのかとらえることができるのである。

アート、とくに絵画を理解するには、観察する時間が必要である。絵を描くアーティストは観察というスキル――細部に注意を払い、理解する――を高めなければならない。観察画がよい例だろう。観察画は対象を見て描いた素描や絵画で、たとえばボウルに盛った果物のスケッチ（静物画）、人を主題にしたデッサン（人物画）、街を描いたドローイング（風景画）などがある。写真や想像に基づいて描いたものではなく、実物を見て、できるだけ正確に描かれている。

イノベーターも、アーティストのように世界を観察する力を高めなければならない。アート作品を鑑賞すると、観察・識別・区別、そして診断に役立つデータの分類など、「見る」というスキルが磨かれることが、多数の研究で明らかになっている。

アートと観察スキルの関係に関する研究は医学分野で行われてきた。医学生はイノベーターと同じように、調べ、解釈し、解決策や代替案を示すことを求められている。生活をよいものにすることを目指している。そして、患者に最高の治療法や解決策を提供するために、まずじっくり観察しなければならないという点でも、イノベーターと同じである。

医学部の教育にアートが取り入れられるようになったのは、当然と言えよう。観察力を伸ばすのにアートが有効であることは、さまざまな研究結果から明らかである。

たとえば、美術館で視覚教育を受けた医学生は、皮膚疾患に関する診断スキルが56パーセント向上した[※44]。またイェール大学でも、医学生に定期的に美術鑑賞をさせる実験が行われた。この実験に参加した学生は、参加しなかった学生に比べて、より多くの点に気づき、はるかに多くの客観的所見を述べ、どのような病気と考えられるか、より多くの可能性を示すことができた。

イノベーションと同じように、診察は観察から始まる。最初の見立ての基礎となるのは観察であることから、医学生はなんとしてもこのスキルを高めなければならない。診断は、病歴を考慮し、診察をして、どのような症状が出ているかを確かめた上で下される。

イノベーションでも同じことが行われる。病歴を知るというのは、会社やその製品、業界についてよく調べるということである。診察は、今日の状況を明確にとらえるということである。そして診断を下すとは、顧客のニーズを見極めるということである。アートの世界と同じように、医学、ビジネスの世界でも、個人や企業、製品だけを見ていてはいけない。それを取り巻く状況も観察する必要があるのだ。

先ほど述べた、医学生を対象にした研究では、観察力の向上も明らかになった。写真を見て、「どれだけのことに気づくか」「どれだけの客観的所見を述べられるか」「さまざまな病気の可能性を考えることができるか」を調べたところ、美術鑑賞をしていた学生は、そうでない学生より、成績がそれぞれ30パーセント、15パーセント、42パーセントよかったのである。この研究は、アートが観察力を高めることをはっきりと示している。

美術鑑賞は観察スキルを高めるだけではない。絵画は細かく描かれているが、メッセージが明確には示されないことから、鑑賞者はその絵の意味についてあれこれ推測することになる。多くの場合、アートはさまざまな解釈が可能である。

アートは、聞く力・共感する力も育ててくれる。私の会社では、世界のさまざまな企業で観察スキルを高めるためのワークショップを開いているが、その参加者は、同じものを見ても、同僚が全員それを同じように見ているわけではないことや、自分が見たものを言葉で説明することがいかに難しいかを知って驚いている。また、さらに重要な点だが、違う視点から考えることをせず、すぐに結論を出す同僚に唖然とする参加者もいる。自分の最初の分析に合わない部分は完全に無視する人がいるのだ。

ほかの見方がないか考えるときは、まず、どのディテールも重要で、すべて考慮しなければならないことを認識する必要がある。自分のアイデアは、同僚のアイデアを検討した上で述べるのがよい。同僚の話を理解するには、耳を傾けなければならない。きちんと聞くことによって、私たちはその人の立場に立ち、なぜそのような発言をしているのか本当に理解することになる。ワークショップの参加者に、「なぜ同じ作品でも人によって解釈がまったく異なるのか」を考えてもらうと、彼らはその人のバックグラウンドやこれまでの経験が分析に影響を及ぼすことに気がつく。

このようなエクササイズは、アートがイノベーションを進める上で大きな力となることを示している。こんな経験はないだろうか。会議が始まり、同僚の一人がある考えを思いつく。ところが、その場にいる人は全員、そんなことは不可能だ、馬鹿げていると考える。おそらく、アートに接することで、私たちはもっと思慮深いやり方ができるようになるだろう。

データ重視の時代には、「チームの観察スキルを高めること」が一段と重要になる。私たちは日々、2・5エクサバイトのデータを生み出している※45。IBMの「10 Key Marketing Trends for 2017」によれば、インターネット上のデータの90パーセントは、過去2年の間に生み出されたものである。データ量はたいへんな勢いで増加し、その規模は１・５年で２倍になっている*。今日のビッグデータは、単に「大きい《ビッグ》」と言うより「巨大」である。

では、どれほど巨大なのか。日々新たに生まれているデータの量は、地球上のすべての人がテレビドラマシリーズ『ゲーム・オブ・スローンズ』の60エピソードをすべて高画質で連続20回ダウンロードするのに等しい量である[※46]。２０１４年までのほぼ５０００年間に生み出されたデータの量は、２０１７年の１年間に生み出されたデータの量（推定）と同じである。

しかし、データはデータにすぎない。重要なのは「そのデータを使って何をするか」である。多数の企業がデータ分析に資金を投じ、この膨大な量のデータの知的な処理法を見つけ出そうとしている。彼らはデータの活用に価値を認め、大きな期待をかけている。テクノロジーを利用してデータ処理をすることは必要だが、パターンを認識し、データを分類し、観察結果を解釈するのは人間である――これは、世界や顧客について深く理解するために必要な基本的スキルである。これらのスキルは、観察をすることで高まっていく。

世界のデータ・人・場所・動きを観察することを身につけると、私たちはよりすぐれたストーリーテラー・コミュニケーター・イノベーターになることができる。しかし、観察力は自然にははたらかない。著名な教育者、マリア・モンテッソーリも述べているように、『観察しなさい』と言っても、観察者は生まれない。観察するための力と方法を与えることが必要で、方法は感覚

＊ IDC, the premier global market intelligence firm

教育によって身についていく」※47

ビジネスの場でも、観察は重要である。顧客は製品やサービスについて、自分がどう思っているのか率直に伝えてくれるとは限らない。専門用語を知らないこともあれば、何がよくないのか的確に伝えられないこともあるだろう。何かが欠けていることに気づいていない場合も多い。製品を改良するにも、画期的な製品をつくるにも、まず必要なのは、自分の目で見て、自分の耳で聞くことである。そして、注意深く観察することを身につけたら、深い理解を得る機会や新たなチャンスを見逃してはならない。

ここで実例を挙げてみよう。

下の写真を数分間見て、考えてほしい。これ

歯ブラシの持ち方が違う点に注目

は何の写真か、そこで何が起きているか、何か違いが見られないか。

さあ、何がわかっただろうか。

実は、この写真は大きなビジネス――子ども用歯ブラシ――に関わる写真である。1996年まで、子ども用歯ブラシはどれも大人用と同じ太さで、長さが短いだけだった。つまり、基本的には「大人用歯ブラシの小型版」だった。しかし、オーラルB*から子ども用歯ブラシのデザインを依頼されたデザインコンサルティング会社のＩＤＥＯ《アイデオ》が、歯磨き中の子どもを観察すると、歯ブラシの持ち方が大人とはまったく異なることが明らかになった。大人は手を器用に使い、指先で歯ブラシの動きを細かく調整するが、子どもは歯ブラシを握りしめていたのだ。

この観察結果から、まったく新しい歯ブラシが生まれた――子どもが握りやすいよう、柄を太くし、弾力性を持たせた歯ブラシである。

アーティストの観察能力が高いといっても、それは彼らが私たちとは違うものを見ているということではない。彼らはもっと多くのものを見ているのだ。それができるのは、頭の中の雑音を減らし、じっくりと観察することを身につけているからである。

イノベーターも同じだ。そして、ＩＤＥＯの共同経営者、トム・ケリーが言うように、彼らは

＊ 歯磨き用品の著名ブランド。1984年からヒゲ剃り用品で知られるジレットの傘下となり、2006年からはP&Gが所有している

「観察に基づいた深い理解が……人間にとってどんなデザインが自然かを明らかにし、イノベーションを可能にする」ことを理解している[※48]。

スキル② 質問

観察はイノベーターになるための第一歩にすぎない。次は、観察結果に疑問を持つこと、質問をすること、挑むこと——挑む対象は、人々が当然と決め込んでいるようなことでも、答えが一つとは限らない人生についての問題でも、何でもよい——を覚えなければならない。

観察の場合もそうだったが、私はビジネスの世界で、質問がどのようにとらえられているかを知って驚いた。マネジャーは質問をして、現状に異を唱えることの重要性を理解しているが、組織の中で質問を奨励し、褒めたたえ、広めようとしている例はほとんど見られない。

あなたは「質問をしてはいけない」と言われたことはないだろうか。戦略にただ従うよう求められたことはないだろうか。「わが社は15年間このやり方でやってきた。変える必要などない」「壊れていないなら、下手にさわるな」——こんなせりふをどこかで聞かなかっただろうか。このようなやり方をしていると、経営環境が変わったとき、窮地に陥りかねない。

しかし、なぜ多数の企業がこんなことをしているのだろう。質問の有用性を知っているのに、なぜそれを活かさないのか。大企業の経営論では長い間、改善・効率性・正確性・生産性が重視されてきた。スタートアップの世界では実行が重視される。私たちは行動し、遂行し、一歩前に進むよう訓練されている。そういう文化の中では、質問はおそらく「前進を妨げるもの」とみなされるのだろう。質問が出ると、立ち止まって考える時間が必要になるからだ。重要な質問の多くは答えがないもので、議論をどの方向に進めるべきかもわからない。そんな質問はじっくり時間をかけて考えなければならない。

私たちの手を止めるのは質問だけではない。「現状維持」のこの文化では、「なぜ」「〇〇してはどうだろう」「もし△△ならどうなるだろう」と問うことさえできないのである。

質問は、個人にも同じような影響を及ぼす。個人として質問をすると、自分をほかの人々から切り離すことになりかねない。反抗者・トラブルメーカー・扱いにくい人というレッテルを貼られるのだ。これが職場なら、マネジャーともめるかもしれない。

こうした認識はもちろん、深いところに根差している。質問は「権威への挑戦」なのだ。マネジャーに質問するということは、権威に立ち向かうことである。そう考えると、マネジャーが質問に対してよい顔をしないのもうなずける。

しかし、イノベーションには質問というスキルが重要である。いや、重要ではなく、不可欠である。この世界で自分が見たことや観察結果について問う能力がなければ、ものごとのやり方を変えるなど不可能な話。これまでの思考パターンや文化の枠、思い込みから抜け出すことが必要である。

私たちは自問しなければならない（また質問だ）。私たちの文化は、どのようにしていまのような形になったのか。なぜ、質問が好き／嫌いなのか。

子どもはもっと創造的で、好奇心が強く、たくさんの質問をする。一体いくつするのか。男の子も女の子も4歳のころが最も好奇心が旺盛だが、イギリスの4歳児は1日に73の質問をする[※49]。そんな話を聞くと親は少し慌ててしまう。質問の半分近くは大人でもなかなか答えられないようなものだからだ。しかし、まだ人生が始まったばかりの4歳という時期に、なぜ好奇心が最も強いのだろう。

私たちが質問しなくなっていくのには教育システムが関係している。序章において、産業革命の時代に教育システムが誕生したことをお話ししたが、それは権威を必要とし、ルールに従わせるシステムだった。そのような環境では質問は控えられる。子どもたちは質問より答えのほうがはるかに重要なことを学んだ。好奇心が旺盛で、何度も手を挙げて教師に質問すると、トラブルメーカーとみなされる。そのうち、問題児として相手にされなくなるかもしれない。だから、おとなしくして質問はしない。

その教育システムのもとでは、よい質問の仕方は教えられなかった。好奇心を伸ばすことはせず、好奇心を評価することももちろんなく、ひどい話だが、質問はさせなかった。そこで評価されたのは、逆のタイプの生徒である――「正しい答え」を出した生徒が褒められたのだ。「正しい答え」とは、教科書に書いてある答え、教室の中の権威者、つまり教師が示す答えである。このシステムは、過去にはうまく機能して、社会に工場労働者と官僚を供給した。しかし、これではもう新しい時代にふさわしい人材を育てることはできない。これからは、革新的な意見を持ち、質問することのできる人が求められるのである。

「芸術家の役割とは問うことで、答えることではない」

アントン・チェーホフ

だから、頼りになるのはやはりアートとアーティストである。アーティストは自分を取り巻く世界について質問することに慣れている。一方、ビジネス界では何でも標準作業手順書に従って実行することが要求される。アートスクールに入学すると、人とは違うやり方をすること、現状を打破することを求められる。人と同じ作品を制作していたのでは、何のためにアーティストになったのかわからない。アーティストは人とは違う視点から世界をとらえ、反抗者になることができる。

成功したアーティストは、いつもさまざまな素材・技術・スタイルを試している——長い伝統を破壊し、アートという概念を問い直そうとしている。パブロ・ピカソ、ロバート・ラウシェンバーグ、ルイーズ・ブルジョワを見ればよくわかる。中には、同じテーマや素材・スタイルを繰り返し使って制作を続け、満足しているアーティストもいるだろう。だが、そんなものはアートではない、単なる職業だと、ほかのアーティストから言われるかもしれない。

どんな分野についても言えることだが、すぐれた教育者が果たす役割は大きい。アートの教育者は、古い伝統や従来のやり方には固執しないのだろうと考える人がいるかもしれないが、それは誤りである。彼らはこだわりを持っている。しかし、すぐれた教育者は伝統から抜け出すよう生徒を促す。その一人がギュスターヴ・モローだった。

モローは19世紀のフランスの象徴主義の画家で、聖書や神話に題材をとった。伝統的な画法を用いたが、19世紀の視点から、新たな歴史画、近代的なルネサンス的絵画を描こうとした。1891年にモローは国立高等美術学校、エコール・デ・ボザールの教授となり、絵画を学ぶ多数の若い学生に影響を及ぼした。教え子の中からは、芸術運動のリーダーが生まれている。その一人がアンリ・マティス。マティスは「20世紀の色彩の魔術師」と言われ、革命的なアーティストとして現代美術の発展を促した。

モローがアーティストの支持を受け、大きな影響力を持った理由は、その指導方針にあった。彼はカトリックの影響を受けたリベラルな教師で、個性を伸ばしさえすれば、あとは自由にすることを認めた。教養試験で好成績を上げること、あるいはアカデミーのルールに従うことは強要しなかった。

マティスが言うように、モローはむしろ「**生徒にあらゆる種類の絵画を見るよう勧めた。ほかの教師は――現代の伝統主義の――一つの時代、一つの様式、つまり、あらゆる伝統的表現法の残り物にすぎない自分自身の作品だけにとらわれていた**」。

モローは偉大なアーティストをよく研究し、生徒にはルーブル美術館に通うよう勧めた。巨匠の作品をじっくりと見て、学び、理解し、そうすることで初めて伝統について問い、伝統に挑み、自分自身のスタイルを築くことができるのである。マティスはこう述べている。

「**私がルーブル美術館の作品を知っているのは、ギュスターヴ・モローのおかげである。私はもうそこへは行っていない。彼は私たちをそこへ連れて行き、傑作を見て、質問することを教えてくれた……以前はルーブルへよく行った。だが、モローはこうも言った。『ルーブルに行って満足していてはいけない。街に出るんだ』。実際、私は街に出て描くことを覚えた**」※50

後年マティスは、自分が成功することができたのはモローの指導法のおかげだと語っている。モローは、生徒が直感に自由に従うことを認めた。自分の理論やアイデアは生徒に聞かせないようにした。マティスのモローに対するコメントを読んでいると、マネジャーの果たす役割について改めて考えさせられた。マネジャーはモローのように、自分たちの力で考え、世界について質問をするチームを育てることを目指さなければならない。

質問することを身につけるには、モローのようなロールモデルや指導者を持つことが重要である。しかし、これは自ら取り組むべきことだと私は考えている。パブロ・ピカソがそうだった。

ピカソは1907年から1914年までジョルジュ・ブラックと一緒にキュビスムを追究した。キュビスムは伝統的な表現法を拒否した。自然の姿をありのまま再現することや、遠近法、短縮法などのモデリング技法を使って三次元の空間を描き出すことをやめたのである。ピカソは19世紀に新しい技術――カメラ――が登場したのを見て、現実をそのままとらえることが可能になったいま、自分はどうすべきかと考えたのかもしれない。写真を凌ぐ、写実を超えた新しい表現を生み出さなければならないと感じたのだ。

抽象表現主義の代表的な画家であるマーク・ロスコは、自分の作品について一切説明しようとはしなかった。観る人に考えてほしかったからである。ロスコは恐れていたのだと、息子のクリストファー・ロスコは言う。

「父の作品に対する答え、あるいは答えかと思わせるようなものを少しでも示すと、人は完全な答えを見つけようとしなくなるだろう。たぶん、必要な質問をすることさえしない」※51

アートの教育者やアーティストは、伝統や同じ手法、様式に固執しない。彼らの多くが、芸術家としての成功とは、建設的な批評をしながら新しいものを生み出し、成長と制作を続けていくことだと考えている。時代遅れのツールや、もう適切とは言えない素材、時代にそぐわない理論に縛られていては、アートや文化の発達は望めないのである。芸術家として成功するには、文化を反映すること、そして、それに代わるものを示すことが必要なのだ。イノベーションを起こすとき、私たちはこれと同じことができるだろうか。私たちを以前導いていたものが、未来の世界ではもう私たちを十分導けないことに、気がつくだろうか。

アーティストの質問力は、アートの世界だけでなくビジネス界でも発揮され、多くの発明を生んでいる。第3章で紹介した中谷もそんな発明をした一人だが、ここでは画家のベット・ネスミス・グラハムの話をしよう。

1950年代にグラハムは銀行の事務員として働いていた。タイプライターが普及し、テクノロジーの発達はありがたかったが、問題点もあった。タイプミスをすると、手書きほど簡単に修正できなかったのである。彼女は、夜は画家として働いていた。昼間はタイプを打ち、夜は絵を描いていたのだ。画家はミスをしても、そこを削り落としたりせず、必ず重ね塗りをする。グラハムはタイプでも同じことができないだろうかと考えた。そして、画家と同じ方法を使うことにし、「水性のテンペラ絵の具の入った瓶と水彩画の筆を持ってオフィスに行き、ミスを修正した」。これが「リキッド・ペーパー」という商品になり、会社は1979年に4800万ドルでジレットに売却された。

今日、起業家・企業の設立者として成功を収めている人の多くは、すばらしい質問をすることのできた人々である。「なぜ」「〇〇してはどうだろう」「もし△△ならどうなるだろう」。彼らはこんな質問をし、その答えを見つけるための旅に出て、会社を立ち上げる、あるいは、製品・サービスを開発することになったのだろう。

スコット・クックはインテュイットの共同設立者である。インテュイットは財務会計ソフトの会社だが、クックは家計簿をつける妻を見ているうちに（ここでも第一のスキル、観察力が発揮されている）最初の製品の開発を思いついた。もっと時間をかけずに家計の管理をする方法がないものだろうか。この質問から「クイッケン」が誕生した。この家計簿ソフトは、数百万人が利用した。

アップルの創立者、スティーブ・ジョブズは、繰り返し現状を打破したことでよく知られている。彼が主導した革命の一つが、携帯電話のデザインだった。iPhoneは専用キーボードとスタイラスペンをなくし、3・5インチのガラス板とボタン一つという外観になった。「私たちはボタンを全部なくす」。ジョブズはそう言った。

当時人気のあったスマートフォン――ノキアE62、ブラックベリー、サムスンのブラックジャック――にはキーボードが搭載され、端末の正面の30～60パーセントを占めていた。開発チームのメンバーの中には、ブラックベリーの人気が高いことを考えて、キーボードを支持する人もいたが、ジョブズは受けつけなかった。キーボードをつけると画面のスペースが狭くなり、タッチスクリーンのキーボードほど融通が利かない。

「キーボードをつけるというのは手軽な解決策に思えるが、制約が生じる。ソフトウェアキーボードを実現すれば、数々のイノベーションにつながる」※52

さまざまな点で、iPhoneよりすぐれた携帯電話はあったが、iPhoneはキーボードのついた携帯電話はやがて消えること、そして「美しくない」ことをはっきりと示した。これは基本的な質問が業界を変えた絶好の実例である。携帯電話会社がどこもキーボードを小さくしようとしていたときに、アップルは別の質問をしていた。

「なぜキーボードが必要なのか？」

アーティストやイノベーターのさまざまな例を見てきたが、私たちはどうやって質問力を開発するのかを考えなければならない。アートの支持者である私は、アーティストの考え方を学び、身につけることで反抗者モード、つまり、質問者モードになることができると考えている。イーロン・マスクは、存命するすぐれた起業家の中でもひときわ目立つ存在で、ペイパルやテスラ、スペースXを立ち上げた人物である。会社の設立者にとってどのような創造的スキルが最も重要かと聞かれたマスクは、適切な質問をする能力と答えている。

「質問は、答えることよりも、することのほうが難しい。質問をうまく言葉にできたら、答えは

簡単に出る」※53

マティス、ピカソ、ジョブズ、マスクのようにうまく質問をする人は、「知らない」と認めることを恐れない。だから彼らは質問をするのだ。知らないということは、いろんな意味でありがたいことなのかもしれない。

スキル③ アイデアの創出

観察結果について質問をしたら、次は、解決策や代替案、オプションを考えなければならない。アイデアと言うと、私たちは、「それほど多くのアイデアは必要ない、よいアイデアがいくつかあればいい」と考える傾向がある。それは間違っている。アイデアの数と成功度の間には相関関係がある。

ディーン・シモントン教授は、独創性・創造性・天才について研究している著名な心理学者である。多数の研究を行っているが、その中に、「アイデアをうまく生み出すには何が必要か」を調べたものがある。その結果は驚くべきものだった。世界の独創的なアイデアの持ち主は、失敗を何度も繰り返して成功にたどり着いたのである。アイデアをたくさん生み出すことで、重要な発見をする確率を高めたわけだ。だが、どれほどのアイデアを生み出せばよいのか。

パブロ・ピカソは2万点以上の絵画・ドローイング・彫刻を制作した。ヨハン・ゼバスティアン・バッハは1000曲以上を作曲し、ウィリアム・シェークスピアは37の戯曲と154のソネットを書いた。アルベルト・アインシュタインには248、チャールズ・ダーウィンには119、ジークムント・フロイトには330の著作がある。

ビジネスの世界も似たような状況だ。トーマス・エジソンは1093の特許を取得。IBMの最も有名な女性発明家、リサ・シーキャット・デルーカは特許を600以上申請して350以上承認されている。最近、彼女は特許権を6件、ソーシャルメディア関連企業のスナップに売却した。

話は簡単だ。「アイデアは出せば出すほど、よくなる」ということである。創造的な人は創造的だからアイデアをどんどん生み出すのだと言う人がよくいるが、それは間違いだ。シモントンの研究でも、それが明らかになっている。独創的な人の大半は、自分のアイデアがどれほどの社会文化的価値を持つのか見通せていない。それがわかれば彼らは予言者のようになれるだろう。彼らには自分のアイデアが役立つのか役立たないのか見当もつかない。ただ、彼らは進取の気性に富んでいた。エジソンは何の役にも立たないものを発明し、ベートーベンは彼の崇拝者をがっかりさせるような曲を多数つくった。

なぜこんな話をしているのか。それは、ビジネス界では、観察力や質問力同様、独創的なアイデアを生み出すための取り組みがなされていないからである。ビジネスを専攻する学生はケーススタディから学ぶ。ある企業がどのようにしてマーケティング戦略を打ち出したか、あるアイデアを思いついたか、ある事業に成功したか、あるいは、どんな手順で製品開発を進めたか、事例を見ていく。

学生は専門家の考え出した手法や枠組み、システムについて学び、これを実世界で活かすことができたらと期待する。実際、うまくいくかもしれない。しかし、これでは未来のビジネス界を支える人々に、模倣やコピー、そして「専門家」に頼ることを教えているのに等しい。確かに学生はアイデアを得るが、独自のアイデアを生み出す方法を学んでいるわけではない。彼らが得ているのは、人のアイデアのコピーだ。アイデアをいかにして生み出すかを学ぼうとしているのに、アイデアをコピーしていたのでは、まったく逆を行くことになる。

コピーや模倣から学ぶことはできる。しかし、既存の価値を打ち砕くようなアイデアを生み出すには、想像力が必要である。想像力とは、いまとは異なる未来の姿を思い描く能力、まだ見たとのないものを見る能力、心の中で新たな発見をする能力である。想像力とは、これまでだれも考えなかったような製品・サービス・手法を考え出す能力でもある。それを実現するための手段がまだ発明、発見されておらず、考え出されてもいないからである。想像とは、何かが現実化する前にシナリオを描いて、検討・評価することである。

イノベーションが創造力を生み出さないのと同じで、模倣が発明を促すことはない。したがって、重要なのは、やはり想像力である。他のスキルや筋肉と同じように、想像力やアイデアを生み出す力は、使っていると鍛えられる。練習・実験・開発が必要で、それを怠ると力が弱まる。

「知性の本当の証は知識ではなく、想像力である」

アルベルト・アインシュタイン

アートとアーティストについて考えてみよう。

作品を制作するには、新しいアイデアを日常的に生み出していくことが求められる。**アートは、模倣や複製をするとアートではなくなる。**男性用小便器を作品と称し、『泉』と呼ぶアーティストがいま現れたらどうなるだろう。マルセル・デュシャンが1917年にやったことを2018年に繰り返しても、独創的とは言えないのではないか。世界のどこかに模倣が最高にうまい画家がいて、本物と見間違うような「モナ・リザ」を描いたとしても、それは本当の意味でアートなのだろうか。あなたならそれを居間に飾るだろうか。飾るかもしれないが、飾らないのではないか――なぜなら、それはコピーだからだ。複製は、やはり本物らしさが欠けている。

アーティストは日々、新しいアイデアを生み出さなければならない。アーティストはミューズがほほ笑むのを待って傑作を生み出すなどとよく言われるが、これも誤解である。

私はアーティストほど勤勉な人たちを見たことがない。アトリエに入ると、長時間そこで制作に励む――週末も関係なく毎日。意味のある作品ができるのか、新しい方向に進んでいるのか、よくわからないまま彼らは制作する。彼らの毎日は克己心の上に成り立っている。偉大な作品はインスピレーション・準備・実験から生まれる。アインシュタイン、エジソン、フロイトを見ればわかる。

シモントンは、アイデアが生まれるプロセスを、ダーウィンの唱えた自然選択のプロセスにたとえてみせる。創造の過程には変異と淘汰がある。まず、多数のアイデアが生み出されるが、さらにアイデア同士が結びつく。シモントンによれば、創造的な人は、無関係と思われるアイデアを何の苦労もなく関連づけることができる。こうしたアイデアの組み合わせの中から一部のものだけが選び出され、さらによいアイデアにして残される。アーティスト、とくに新進のアーティストは、これと同じようなプロセスでポートフォリオを制作する。ポートフォリオに納められるのはすぐれた作品だけで、習作を人に見せることはない。

アイデアの創出と言うと、企業の大半はこれまで通りのやり方で、半年、あるいは1年に1度、ワークショップを開くのだろう。私の知り合いはこれを「会社のお楽しみ会」と呼んでいる。マネジャーはワークショップの段取りをつけ、会場でアイデアを書きとめたポストイットがいっぱいのカラフルな美しい写真を撮り、ソーシャルメディアに投稿する。これではアイデア創出の訓練にはならない。訓練は続けてこそ意味がある——毎日、毎週。

社員が独創的なアイデア・コンセプト・思考を生み出せるよう、訓練を実施する企業はほとんど見当たらない。イノベーションにおいては、新しい製品・サービス・手法を開発するためにアイデア創出能力が必要で、企業が成功を収めるにもこの能力が欠かせない。この能力は教えれば身につく。だが、それを知らないマネジャーが多い。

新しい製品・サービスを生み出すためのアイデアをどのようにして得るのか、それを教えもしないで、私たちはチームのメンバーに独創的なアイデアを求めている。直感的にそうしたアイデアを生み出すことのできる人もいるが、それは一部の人に限られている。あなたがチームのリーダーであれば、独創的なアイデアが聞けるものと期待して会議を始めたが、どこかから借りてきたようなアイデア、ぱっとしないアイデアしか出なかったという経験はないだろうか。独創的なアイデアを生み出す訓練を受けていないメンバーは、新しいアイデアが浮かばないので、すでにあるアイデアにこだわることになる。彼らは間違ったアイデア、不適切なアイデア、役に立たないアイデアを支持するかもしれない。それは会社にとって危険なことである。

起業家である私は、実行力が非常に重要で、ビジネスを理解する能力も不可欠であることを認識している。だが、ビジネススキルを身につけながら、アイデア創出について学び、能力を開発・育成していくことも必要だと思っている。起業やイノベーションをめぐる競争が世界中で激化する中、企業は実行だけしていても成功は収められない。私はスタートアップのメンターを務めながら、いつもそう感じている。

起業を目指す人々が、だれもかれも同じアイデアしか思いつかないことに、私はいつも驚かされる。多くの人は、ベンチャーキャピタル（VC）の動きに従っている。VCが資金を投じる先が次のトレンドとなる。だから、資金の流れに起業家は従う。いや、もっと正確に言うなら、群がるのである。だが、起業家の多くは見落としている。VCの大半（78〜95パーセント）は、投資家の負うリスクや手数料、非流動性に見合ったリターンを挙げていないこと、そして、なんとか存続しているVCは、投資家から受け取る手数料収入に頼っていることを[※54]。これは、「VCも多くの場合、間違っている」ということである。専門家でさえすぐれた企業、すばらしいアイデアを見落とすことがあるのだ[※55]。あなたは実現可能で、使い物になり、顧客にとって望ましい、独創的なアイデアを生み出さなければならない。

企業では、想像力やアイデア創出力を高めるための努力がほとんどなされていない。その重要性を認識せず、時間を取る気がないのである。正直なところ、こうしたことは、努力したからといって、どれほど成果が上がったか測定するのがむずかしい。しかし、チームのメンバーに独創的な考えやアイデアを期待するなら、努力していかなければならない。想像力という筋肉を鍛え、専門家の意見ではなく個人の考えに基づいて選択し、経験を統合して具体的な表現をするのに、アートほど適したものはない。

未来の世界はどのような姿をしているのだろう。そう思ったら、SFを読めばいい。SF作家はたいてい極端な状況設定の中で世界をつくり上げる。想像力をはたらかせると、まったく新しいシナリオを描き、チーム全員で検討することができる。社員が自分のアイデアをまとめ、説明し、全員でそれについて討議し、さらに、評価も批判も交えずにプロトタイプをつくると、創造的体験をし、実際には見たことも経験したこともない生活を思い描くことができる。チームのメンバーが尽きることのないアイデアの源泉を持つ。これが私たちの目指すべきところである。最後にアメリカの作家、ジェサミン・ウエストの言葉を紹介しよう。

「未来と同じように、過去もほぼ想像の産物と言える」

スキル④　関連づけ

周囲の世界を観察し、質問し、アイデアを生み出したら、次はそれに代わるアイデアを示さなければならない。代替案や新しいアイデアを生み出すには、「関連づけ」の能力をはたらかせるとよい。アイデアと関連づけ能力は相互関係があり、互いに依存し合っている。

関連づけとは、つながりがはっきりしないもの——システムや方法、アイデア——を結びつけることである。何が結びつけられたかを知って驚くことがある。なぜこの二つが結びつくんだ、どんなつながりがあるんだ。そう言いたくなるようなものを結びつけるのが関連づけである。

アイデアをまったく新しい方法で結びつける能力に、人々は魅了される。歴史を見ればわかるが、新しい独創的なアイデアを生み出せるかどうかは、さまざまな領域や知識・体験を探ることができるかどうかにかかっている。簡単に言うなら、多数の分野に親しんでいると、だれもが驚くような関連づけができる可能性が高まるのである。

現代を生きる私たちは、さまざまな分野の知識を探るチャンスから遠ざけられている。産業革命の時代から、人は専門化することを教えられてきた――専門化すればするほど、成功の可能性が高まる。私たちは仕事で専門化するだけでなく、仕事関係の人々とネットワークを築くことも必要になった――いわゆるネットワーキングである。これによって私たちは、業界内の人々とつながる。金融業界の人は金融関係のカンファレンスに参加して情報を交換し、マーケティング業界の人はマーケティング関係のカンファレンスに参加して情報を交換する。

しかし、自分の業界内でネットワークを築いても範囲は限られている。ネットワークに参加している人が全員、同じフレームワークの中で働いていたら、新しいものに出会う可能性は低い。専門化を推し進めた結果、知識の断片化が生じている。そして、異なる分野間の交流やコミュニケーションが低調になっている。知識を関連づけて新しい知識を得るには、異分野間の相互作用が必要である。さまざまな分野や考え方に触れ、新しい経験をしなければ、関連づけは難しい。第1章の「ミネルバは科学と芸術の女神である」の項で見たように、何の関係もない分野の知識とスキルが結びついて、私たちの進歩を促してくれるのである。

絶え間ない変化や不確実性に対処するには、柔軟な思考と行動が必要である。知識・ノウハウ・ものごとのやり方。これらすべてにおいて柔軟性を発揮しなければならない。柔軟な思考を身につけると、関連づけの能力——知識やスキルを新しいコンテキストで活かす能力——が高まり、ある分野の知識を別の分野で活かす、あるいは別の目的で利用することが可能になる。関連づけ能力は、とらえにくいつながりや隠れたつながりを探る上で重要な、柔軟な思考と直接結びついている。

さまざまな文化や経験が交わる場に、真のイノベーターはいる。多様な体験が新しいアイデアの発見を促すからである。さまざまな知識を身につけると、人をあっと言わせるような関係性を見つけ出す能力が高まり、それが新しいアイデアにつながるのだ。

「木やくぎ、テレピン油、油絵の具、布地同様、靴下も絵画を制作するのにふさわしい」

ロバート・ラウシェンバーグ

関係のない分野を結びつける例は、ビジネスや製品・サービスに見ることができる。iPhoneはモバイル機器（電話）と音楽プレイヤー、コンピューターを結びつけた。ウーバーは自家用車とタクシーサービスを、グーグルは学術文献と検索エンジンを結びつけた。無関係と思われるものを結びつける能力は、イノベーションだけでなく、既存の製品・サービスにとっても重要である。アクセンチュアの戦略・イノベーション担当マネジング・ディレクターのベイジュ・シャはこう述べている。「ある商品分野における顧客体験が、以前は無関係と思われていた他の商品分野における顧客体験にも影響を及ぼすことから、企業はすべて、新たな次元から競争戦略を立てなければならない」※56。

これは企業にとって何を意味するのか。たとえば、ライドシェア会社のウーバー。ウーバーは街における私たちの移動法を変えた。ウーバーのサービスは簡単・迅速・透明で、支払いは実に簡単。会計をここまで簡便にできることが示された。その結果、消費者はどこに行ってもこの簡便さを求め、レジの行列に並んだり、勘定書きをとってくるから待つよう言われたりすると、驚いてしまうのである。

さまざまな文化や経験が交わる場に身を置くのは、革新的なアーティストも同じだ。ロバート・ラウシェンバーグは、非常に多作なアメリカのアーティストで、前章で述べたように、ＥＡＴの結成者の一人である。型破りな作品を制作し、アート界の偉大なイノベーターであることを証明。アートのルールを破り、変更し、書き換えた。彼はさまざまな実験を行い、ダンサー・アクティビスト・アーティスト・作曲家・エンジニアなどと共同で制作をした。だれもが何らかの貢献ができるというのが彼の考え方だった。

1950年代まで、絵画と彫刻は切り離されていたが、ラウシェンバーグは『コンバイン』を制作してその境界を打ち破った。『コンバイン』は、絵画と彫刻を結びつける一連の作品で、壁に掛けるものもあれば、床に置くものもあった。イノベーターはさまざまなアイデアを掛け合わせるが、ラウシェンバーグも同じだった。

彼は大きくかけ離れたアイデア・モノ・サービス、テクノロジー・分野をひとつに結びつけ、まったく新しい独自の作品を提示した。

ラウシェンバーグ『コンバイン』（一部）

ラウシェンバーグは革新的な考え方をしたが、そういう人物はほかにもいる。アートの根底には、関連づけと柔軟な思考・行動がある。興味の対象が変わり、さまざまな素材や分野の間を行き来するアーティストは、いくつもの創造的な方法を体験し、それが関連づけ能力と柔軟な思考にプラスにはたらくことになる。

ルーシー・マクレーも、人をあっと言わせるような関連づけをする現代アーティストの一人で、科学と想像力を結びつける、自称サイファイ・アーティスト、ボディ・アーキテクトである。クラシックバレー・建築・ファッションを学び、フィリップスのイノベーションセンターで働いていたマクレーは、その幅広い経験を活かして従来の映画・体験型アート・ファッション・ボディアートに挑む新たなアートを生み出している。そこでは、人間とテクノロジーの境界はあいまいである。

フィリップスでは、皮膚の役割や、皮膚をイノベーションのプラットフォームにすることに関心を持ち、ナノテクノロジーを使って人体をどのように変えることが可能か研究した。その結果、生まれたのが、「飲み込める香水」である。体内から作用する美容錠剤で、発汗時に皮膚を通して香る。身体がアトマイザーになり、皮膚から香水が出るのだ。マクレーはアーティストが持つ能力を発揮して、人体・テクノロジー・イノベーションを関連づけ、新たなつながりを生み出している。

ラウシェンバーグ、マクレーをはじめとするアーティストは、関連づけをしながらものごとを考えるのだろう。アートには類推・隠喩などの考え方が必要だからである。そして、アートがこのような考え方の上に成り立っていることから、アーティストは伝統的な連想から脱却することができ、まったく新しい型破りな関連づけをして、これまでとは異なる視点から想像力豊かにものごとをとらえるのである。

私の親友の一人、シモン・アダフは、イスラエルの有名な詩人でSF小説も書く。詩を教えているが、教室では、主題と、明確な関係がみられないものとをつないでいくよう指導するという。たとえば、シャワルマ（レバントの肉料理）の調理を通じて「信仰」を描く。繰り返すように、アーティストは、共通項がないと思われるものごとの間に隠れたつながりを生み出したり、見出したりすることができる。

関連づけ能力の基本は、つながりを見出すことである。企業では、まず社員がアーティストと一緒に働くことでアートやアーティストの考え方を取り入れ、次に、創意を活かしてつながりを見つけ出すよう訓練をしていくとよいだろう。

アーティストは従来型の仕事に就いている人と違って、知識が一つの分野に限定されていない。彼らはあらゆるところを探索する。マクレーは人体・テクノロジー・宇宙・健康について研究し、ラウシェンバーグはエンジニアリング・ダンス・音楽・テクノロジーについて研究した。彼らは境界があれば打ち壊し、境界がなければ築いた。さまざまな領域の垣根を越え、伝統的な枠組みの中では隠れていたつながりや共通項を発見し、関連づけを行った。

アートを使えば、新しい知識を生み出すことができる。これは、新しいつながり・新しい視点・新しい推論・新しい発明から成る知識である。既知のものを解釈し、既知のものからアイデアを生み出し、既知のものに基づいて発明をし、未知のことを想像する。

こうしたことすべてがアートにおいては重要である。新しい知識を生み出すには、想像力だけでなく、関連づけの能力も必要だ。創造性がはっきりと表れるのがこの能力である。

その他のスキル① 共感

アートは観察・質問・アイデア創出・関連づけの能力を高めるだけではない。現代のビジネス界では、ほかにも多数のスキルが必要とされるが、それを身につけるにもアートは有用である。ここでは、共感・経験・ビジュアル化について述べよう。

顧客に共感しなければならない。顧客の立場に立って、何が彼らには重要なのかを理解する必要がある。こんな言葉を聞かされたことはないだろうか。きっと繰り返しこう言われていると思う。しかし、厄介な話だが、だれかに「共感しなさい」と命じることはできない。共感は教えることができないからだ。

だが、身につけることはできる。共感とは、人の感情を理解する、あるいは感じ取る、人間らしい、すばらしい能力である。共感とは、他人の立場に立つ能力である。それは生まれつき備わっている人間的特性だが、鍛えれば高めることができる。

作品の制作を始めるアーティストは、テーマについて多角的に深く考え、アートの記号言語としての力を活かして人の感情を表現する。すぐれた作品の中には、共感をベースにしたものがある。自分の作品が自分の感情よりさらに深いものを、ときには社会に代わって表現していることを、アーティストは知っている。ピカソのゲルニカは戦争がもたらす恐怖・悲しみ・喪失を描いた象徴的な作品である。ゴヤのタペストリーの下絵には、日常の生活や喜び、幸せといった普遍的な感情が表現されている。

共感はアーティストの作品の中で中心的役割を果たしている。アーティストの多くは、見る人の気持ちを考えながら、「体験を共有したい」という思いで作品を制作する。アートを鑑賞するときは、形を通して考えや感情がいかに巧みに表現されているか（たとえばボディランゲージ。その人物のポーズは何を意味しているのか）、どのように色を使って光を生み出し、その場の雰囲気をつくり上げているか、こうした点に着目するとよい。また、そのアーティストの気持ちについて考え、そのアーティストの人生について書いたものを読み、その後、もう一度作品を見て、人生のどのような出来事がその作品に影響を及ぼしているか、作品のどの箇所にそれが現れているかを考えてみるのもよい。

共感は、作品の制作時だけに体験されるのではなく、作品を見る側も体験することが多い。アート作品は、見ただけで心を揺さぶられることがある。色・テクスチャー・主題。これらすべてが見る人の感情に、即座に強くはたらきかけるのだ。

作品を見る人には、それぞれの世界観や人生経験がある。アート作品を目の前にすると会話が始まることがある。そして、人の考えや価値観・文化について深く学ぶことになる。アート作品によって感情を呼び起こされたら、その作品の何があなたに影響を及ぼしたのか、作品のどの点があなたをそんな気持ちにさせたのか、なぜ作品、そしてアーティストと感情的につながることができたのか、考えてみることだ。

アメリカの五つの大学で、医学生を対象にした研究[※57]が行われ、最近その結果が発表されたが、それによると、アートや人文科学に親しんでいる医学生は、すぐれた共感力や感情的知性、知恵を備えている。これは当然と言えば当然かもしれない。アートを理解するには、作品の世界に入り込み、その作品の意味や、アーティストが何を感じ、何を伝えたかったかを見出さなければならないからである。

いまの世界には共感が著しく欠けている。世界の政治経済システムは病んでいる。それは、共感というものがまったくと言っていいほど見られなくなったからである。アメリカのエネルギー会社、エンロンの不正会計、あるいは右翼国家主義政党が世界中で誕生していることを思い起こしてほしい。ビジネス界は共感を過小評価している。マネジャーの多くはそんなことはないと言うが、行動がはっきりとそれを物語っている。

顧客と話もせずに、顧客が何を感じ、何を望み、何を欲しているか「知っている」マネジャーの何と多いことか。ブロックバスターとコダックは、顧客の声に耳を傾けなかった企業の、ほんの一例である。

フォーカスグループの活用や「ペルソナ」設定が話題になるが、忘れてならないのは、商品の販売ターゲット層に該当するからといって、その商品を買うわけではない、ということである。30歳、白人女性、修士号取得者だからという理由で何かを購入したりはしない。人生のある時点で何かのニーズが発生し、それを満たすために人はものを買うのである。

人が現実世界で、フォーカスグループを使って得た結果と異なる行動を取ると考えるのはおかしいかもしれない。しかし、スティーブ・ジョブズはそうなることを知っていた。公のマーケティングリサーチは信用せず、人と話したり、人の日常の行動を観察したりして、彼は非公式の調査を行った。基本的に、彼は人の立場に立ってみたのである。

私たちは、社員が共感力を高めることのできるフレームワークを用意しなければならない。私が携わるThe Artianが開催している「観察スキル」を高めるためのワークショップの参加者は、世界に対する他人の見方が、自分とはまったく異なることを知ってとても驚いている。ビジネス界はアートからほかにもたくさんのことを学べる。共感力を高めるには、文学作品を読む、すぐれた映画を観る、よい音楽を聴くなどの方法がある。これは、感性を磨き、もっとよい人間、人間らしい人間になるにもよい方法である。こうしたスキルを備えると、自信を持って街に出て行き、潜在顧客と話をすることができる。

その他のスキル② 経験

私たちはアートを作品、あるいは絵画・彫刻・ビデオ・ドローイングとしてとらえることが多い。しかし、アートは「経験」である。20世紀の初めから、アーティストや知識人は、芸術作品を「表現的事物」という物理的なものではなく、「経験」から生まれるものとして解釈しようとしてきた。

事物からコンセプト、経験へととらえ方が変わり、アーティストは、見る人が深く経験することのできる作品をいかにして生み出すかを考えるようになった。そのために分野の枠を超えた研究をし、自分たちのアートが見る人にどのような影響を及ぼすか考えた。

ペプシは大阪万博のパビリオンのデザインをEATに依頼した。ペプシは、観客がユニークな感覚的体験を堪能することのできるパビリオンを目指していた。EATのチームはパビリオンをアートの経験の場とし、観客は受動的な観察者ではなく能動的な参加者となり、身体と感覚を使って新しい刺激を受容した。

アーティストは、感覚を刺激するアート作品を生み出す能力を、年月をかけて高めてきた。彼らは多感覚に訴える経験を提供して、見る人の反応を引き起こし、意識にはたらきかけようとしている。アメリカのアーティスト、ジェームズ・タレルが制作しているのが、まさにこうした作品である。タレルは光と空間を使って、わくわくするような、しかしどこか神秘的な、大きなインスタレーションを世界各地でつくってきた。タレルは光を使って、人間の複雑ですばらしい知覚にはたらきかける。

「芸術の本当のはたらきは、その作品が経験において、そしてまた経験に関わって何をなすかということである」

ジョン・デューイ、哲学者

アーティストは、作品の構成要素を強調するために光を使ってきたが、タレルは光を作品の中心に据えている——そこに物体はなく、使うのは光と知覚だけである。彼のライフワーク、「ローデン・クレーター」は、かつてない規模のアート作品で、アリゾナ州の北にある死火山のクレーターを、地質学的時間・天文学的時間の流れを観察できる魔法のような空間に変える作業が40年前から続いている。彼は光を使って、宇宙の広大さを知る経験の場をつくり出そうとしている。

タレルは「スカイスペース」でよく知られている。これは天井に開口部があり、空が見える部屋である。そこには、余計なイメージや彩色は介在せず、色と光が純粋な形で存在する。

この空間で空を見上げると、遠い存在だった空がすぐそばにある。日本の新潟県に、スカイスペースの一つ「光の館」がある。ここは昼と夜、東洋と西洋、伝統と現代を対比させた、さまざまな光と向き合う、ユニークな経験の場と

ジェームズ・タレル「光の館」 http://hikarinoyakata.com/

なっている。

タレルのようなアーティストの作品について考えながら、私は製品・サービスについても考えていた。深いところで人の感情と関わる、アートのような香りのする製品はほとんど見当たらない。何とか成功しているのが、アレッシィ、ブラウン、アップルなどだろう。消費者はこれらの企業の製品に愛着を示し、そのすばらしさを熱心に語る。自社の顧客がこんなふうに語るのは、まずないことだ。

これらの企業は漫画家・イラストレーター・音楽家・画家など、アーティストと共同で製品開発をしている。アップルでは成果が上がったようだ。企業はアーティストから学ぶことができるはずだ。

最近ビジネス界でよく話題になるのが、ユーザー・エクスペリエンス（UX）である。アップルのアドバンスト・テクノロジー・グループのバイスプレジデントだったドナルド・ノーマンが、何年も前にこの語をつくり出したが、新しい製品・サービスの開発に必要な要素を含んだ概念として重視されるようになったのは、ここ数年のことである。

国際標準化機構（ISO）※58はUXを「製品、システム、またはサービスを利用したとき、あるいは利用を予期したときに生じる個人の知覚や反応」と定義。これはUXとアートの関連性をはっきりと示している。「製品、システム、またはサービス」を「絵画、彫刻、またはインスタレーション」と置き換えても、意味を成すのではないか。私にはそう思える。

アートを鑑賞するとき、私たちは何かを感じることを期待している。経験には、いつも感情が伴っている。感情がわかなければ、行動は生じない。製品・サービスを開発するとき、私たちは感情を引き出したいと思う。そうすれば、ユーザーと特別な関係を築くことができる。ISOの定義によれば、UXには、使用前・使用後・使用中に生まれるユーザーのすべての感情・考え・好み・認識・身体的・心理的反応・行動・遂行が含まれている。アートに非常によく似ているのではないか。

その他のスキル③　ビジュアル化

経験をつくり出すのに加え、アーティストは「ビジュアル化」して伝えることも身につけている。今日、会社にはデータを扱うさまざまな仕事がある。企業は多数のプラットフォームが関わる多次元の極めて複雑なデータ――売上や立地・デモグラフィック（人口統計学的属性）・道路・広告媒体などを含むデータセット──を扱っている。ビッグデータ時代の企業は、よりよい経営判断を下して業績を向上させるために、高度なソフトウェアを導入し、データアナリストを雇い、データ分析能力を高めようと躍起になっている。

「データサイエンティスト」という言葉が広まり、職業としても確立されてきている。データサイエンティストはデータを十分に理解し、巧みに扱い、どのような統計手法やアルゴリズムがデータを活かすのに適しているかよくわかっている。この領域の専門家は、自分が何をしているのか正確に理解している。だが、それを素人に説明できるのだろうか。彼らにとってそれは分析よりも難しいに違いない。

データを分析するのも重要だが、そこに含まれた重要な情報をビジュアル化して伝えなければ、データは役に立たない。うれしいことにデータは地理空間的で、視覚的に示すことができる。だが、なぜビジュアル化するのか。それは、人間の場合、ビジュアル化するとうまく機能するからである。

人は視覚的データに最もよく反応し、理解も早い。人の脳は言葉より画像のほうをうまく処理するが、この現象は「画像優位性効果」と呼ばれている。研究によると、人は画像を1000分の13秒で処理するが[※59]、言葉の処理には1000分の200秒を要する*（画像の処理速度は言葉の

* The time course of visual word recognition as revealed by linear regression analysis of ERP data.
https://www.ncbi.nlm.nih.gov/pubmed/16460964

15・4倍ということである）。人は本来、視覚的動物なので、これを活かしてデータ処理を行い、きちんと活用していけばよい。

ビジュアル化はアーティストの言語である。絵画・イラスト・ビデオ・ドローイング。これらすべてが私たちの視覚に訴える。アーティストは経験を生み出すことができるが、視覚的に考えることも身につけている。データをアートと結びつけたらどうなるだろう。データがアーティストにとって絵の具のようなものになったらどうだろう。そうなると、「データアーティスト」が現れ、データ時代にどんどん重要な役割を果たすようになるかもしれない。

データアーティストには、データを情報に変え、情報を知識に変える能力がある。彼らは伝統的な分析を超え、事実や関係・流れ・パターンを、平均的な意思決定者でもすぐに理解できるような形でビジュアル化する。

人は視覚化されたものに本能的・感情的に反応するので、複雑すぎて手に負えないような数字を簡単なものに変えるのは、アーティストの役割である。アーティストは企業の役員だけでなく、社員にもストーリーが伝わる最善の方法を見つけなければならない。

複雑なデータを説明するのに視覚芸術を使うというアイデアは、新しいものではない。有名なアメリカの統計学者でイェール大学の名誉教授、エドワード・タフトは、データアートが広まるかなり前からこれに取り組んできた。1983年に『Visual Display of Quantitative Information』を出版したタフトは「デザインのダ・ヴィンチ」「情報の伝道者」と言われている。

彼は統計学者として成功しているだけではない。すぐれた彫刻家でもあり、彫刻やオブジェ、模型、プリントが美術館やギャラリーで展示された。以前はニューヨークのチェルシーにギャラリーを持っていた。

タフトのつくる表・グラフ・図表は、とても美しいことで知られている。彼はデータそのものではなく、「それをいかに伝えるか」が重要なことに気づいた。データをビジュアル化しても、何の情報ももたらさない無用な要素や、情報を読み取る上で邪魔になる要素が含まれていることがある。タフトはこれを「チャートジャンク」と呼ぶ。

情報をビジュアル化して伝えるには情報デザイン能力や視覚リテラシーが必要だが、それを高めるには、タフトのようにアートや統計を理解していることが重要である。彼は、スペースシャトル・コロンビア号の事故や、ジョン・スノウのコレラの発生状況を示す地図、シャルル・ヨゼフ・ミナールのロシア戦役地図など、歴史的な出来事を視覚的に分析したすぐれた仕事を紹介している。

動画プラットフォーム、ヴィブリックの商品担当バイスプレジデント、オリヴィエ・メイヤーは、画家とデータアーティストの類似点をうまく示して見せた。

画家には基本の色があるが、データアーティストにはデータソースとデータのタイプがある。画家は色を混ぜて新しい色をつくるが、データアーティストはデータセットを結びつけて新しいデータセットをつくる。画家はカンバスの上でさまざまな形を描くが、データアーティストはデジタルプラットフォームでさまざまなデータセットを使う。画家は作品が完成すると発表し、データアーティストはストーリーを視覚的に共有する。

あなたの会社を21世紀のビッグデータの時代に合った会社にするにはどうすればよいのか。ゴラン・レヴィン、ジェル・ソープ、デヴィッド・マッキャンドレス、ナタリー・ミーバック、アーロン・コブリン、クリス・ジョーダン。こうしたアーティストについて、まず調べてみることだ。タフトの著作(『Visual Display of Quantitative Information』『Envisioning Information』『Visual Explanations』『Beautiful Evidence』)も読んでみる。それから、アートスクールやデザインスクールを卒業し、データを扱う仕事をしている人を探すとよいだろう。

革新的な起業家の五つのスキル

ジェフリー・ダイアー、ハル・グレガーセン、クレイトン・M・クリステンセン（『イノベーションのジレンマ』の著者）の共著『イノベーションのDNA』を読んで私が最も感心したのは、アーティストのスキルだった。破壊的イノベーターはどのようにして生まれ、アマゾン、アップル、グーグル、スカイプ、ヴァージン・グループのような極めて革新的な企業は、どのようにして築かれるのか。それを明らかにするために、8年に及ぶ研究が行われ、その結果に基づいて本書は書かれた。

研究によると、革新的な起業家や企業の創設者は五つのスキルを身につけている。五つのスキルとは、関連づける力・質問力・観察力・ネットワーク力・実験力である。この中の少なくとも三つのスキルは、アーティストが普段から使っているスキルだ。

あなたの会社の教育プログラムは、こうしたスキルを育てるものになっているだろうか。答えがノーなら、どう対応すればよいのだろう。こうしたスキルをより多く育てるプログラムが必要である。

スキルを身につけるのに遅すぎるということはないが、まず一人ひとりが自分で早いうちから開発する努力をすることが必要である。そして可能なら、社内でも育成していかなければならない。マーケティング・財務・戦略なども重要だ。しかし、伝統的課題にばかり力を入れていたのでは、会社が存続できるのか、市場で優位性を保つことができるのか、何ともおぼつかない。

これらのスキルのいくつかは、自分で身につけることができる。観察力なら、まずアート、とくに、ディテールを積み重ねた伝統的な作品を選ぶとよい。いちばんいいのは、制作されたとき、アイデアを表現する、知識を伝える、教養を広めるなど、何らかの役割を担っていた作品だ。初めはモダンアートや現代アートは避けたほうがよい。このタイプのアートは洗練されていて、アートをモノではなくコンセプトとしてとらえているからだ。

美術館に行こう。できれば友人と一緒に。ノートを持っていき、作品を一つ選ぶ。そしてじっくり観察する。作品の分析や解釈が目的ではない。少なくとも15分は観察し、――客観的に――見たことを書きとめていく。解釈してはいけない。見たことを見たままに書く。友人が一緒なら、書いたものを見せ合い、「リスト」を完成させる。

この作業を終えてから、自分がいま目にしているものが何であるのか、自分がどう感じているのか、どんな思いが伝わってくるか、理解に努める。そして最後に、その絵のメッセージが何であるのか考えをまとめる。最初の数回はうまくいかなくても、気にしなくてよい。アーティストが何を言おうとしていたのか時間をかけて考えることだ。

観察力を磨くには、現実世界の一場面を使うという手もある。「ニューヨーク・タイムズ」と非営利組織のビジュアル・シンキング・ストラテジーズが共同で始めたオンラインプロジェクト「ホワッツ・ゴーイング・オン・イン・ディス・ピクチャー（What's Going On in This Picture）」をチェックしてみよう。これは毎週1枚、日常の一場面を写した写真を見せ、その写真についてオンラインディスカッションをするプロジェクトで、参加者が批判的に考え、考えを伝え合い、協力することのできる場が設けられている。写真がどのような状況で撮影されたか、一切の説明はなく、見る人はそれが何の写真かを自分で考える。

質問力を伸ばすには、もちろん、さまざまな方法がある。私が気に入っているのは「リバース・アサンプション」と呼ばれるものだ。前提をこれまでとは逆の内容にし、その新しい前提に説得力を持たせる。

これは次のような手順で進めればよい。

・あるものごとに対する前提を書き出す（最初は三つ。あとで加えてもよい）
・前提を逆にする。逆にした新しい前提を書きとめる
・その新しい前提を説得力のあるものにするにはどうすればよいか。どのような視点から考えれば筋が通るか、できるだけ多く書き出す

例を挙げておこう。たとえば、レストランを新規開店する場合、メニューを用意する、食事代を請求する、という前提がある。納得のいく話だ。これを逆にすると、メニューを用意しない、食事代を請求しないという前提ができる。これを筋の通ったものにするには、どう考えればよいのか。

リバース・アサンプションのよいところは、それまで考えもしなかったような選択肢があることに気づくことである。最初の案に代わる案が浮かび、リスクも見えてくる。私の知る限りでは、こうやって考えているうちに得た新しいアイデアを、最初の案に取り入れる人が多いようである。

何か問題が生じたとき、いつも通りの質問ではなく、別のタイプの質問をするのも、質問力を高めるよい方法である。だれが・何を・いつ・どこで・なぜ・どのようにして、ではなく、「もし○○ならどうなるだろう」「△△してはどうだろう」「何が起きるだろう」と問うのである。プロジェクトを立ち上げるのに費用がいくらかかるか考えるのではなく、費用をまかなうことができ

れば、どのようにしてプロジェクトを立ち上げるかを考える。あまりに規模が大きすぎる、費用がかかりすぎると考える前に、プロジェクトそのものについて考える。そうすれば、思っていたよりずっと実現の可能性が高いことがわかるだろう。

質問力に関して、あと二つ紹介しておきたい。一つは、ライト・クエスチョン・インスティチュートのウェブサイト。適切な質問の仕方を身につけるための教材が多数提供されている。そしてもう一つは、『イノベーションのＤＮＡ』の質問力について述べた章。ほかにも役立つものは多数ある。The Artian のブログ（www.theartian.com/blog）でもチェックできる。

アイデアを生み出す能力を高めるには、まず練習である。私はいつもこんなエクササイズをしている。毎朝、目が覚めたらコーヒーを淹《い》れ、テーブルの前に座る。そして、アイデアを10個書き出す。私のお気に入りのアプリがどうすればもっとよいものになるか、アイデアを10個生み出して書き留めるのである。ＡＩが私の生活にどのような影響を及ぼすか、どうすれば理髪店での体験をもっとよいものにできるか、何の教科を教えることができるか、どのようなワークショップを開催できるか（われわれはユニークで創造的なワークショップを開催している。そのため常に可能性の限界を押し広げる必要がある）。

このように、いまの状況について考えるのだが、可能性を探るのもおもしろい。私は『鏡の国のアリス』からヒントを得た。アリスに会った白の女王が、朝食前にときどき不可能なことを六つも信じていたという話をする場面があるのだ。だから、私は不可能なことを10個書き出す。

こういう作業をしていると、脳は想像の翼を広げ、実にすばらしいはたらきをすることがよくわかる。私はときどきやり方を変え、たとえば、言葉を一つ選んで、その言葉が表すものをイメージする。創造性・インスピレーション・成功。そんな言葉を選んで、それが意味するものを思い描くのである。一つの言葉に対して10のイメージを描く。

想像力を高め、アイデアを生み出すには、SFの世界に浸るのもよい。空想に基づいた世界、想像から生まれたテクノロジー、人間の進化を描いた映画を見て、本を読む。SFは確かな根拠に根差したものではないが、明日の世界について考えるアイデアの宝庫である。SFに親しんでいると、現在のトレンドや現実の、あるいは想像上のテクノロジーについて「もし○○なら」と質問したり、社会を違うレンズで見たりすることができるようになる。空想の世界に浸ると、アリスのエクササイズも簡単にこなせるようになっていくだろう。

SFの世界のテクノロジーが現実のものになった有名な例として、衛星通信が挙げられる。1945年にまだ空軍に在籍していたアーサー・C・クラークが論文を発表し、通信衛星の設置を構想したのだ。この論文によって現在の通信システムの基礎が築かれ、通信衛星ビジネスが誕生した。不可能がイノベーションを起こすのである。クラークもこう述べている。「高名だが高齢の科学者が『それは可能』と言うときは、たいてい正しい。『それは不可能』と言うときは、たいてい間違っている」

エクササイズで取り上げる話題には、日常的でアイデアが簡単に浮かぶものもあれば、想像力を大いにはたらかせて答えなければならないものもある。アイデアには本当にくだらないものもあれば、自分でとてもいいと思えるものもある。だが、アイデアがすばらしいかどうかは最終的には問題ではない。創造力を高めるためにこのエクササイズをすることが大切なのだ。馬鹿げたアイデアでも恥じたりせず、書き留めればよい。

重要なのは、このエクササイズを日課――週末も含めて毎日やる――にする必要があることをきちんと認識することである。アイデアが五つか六つ生まれたところでやめてしまってはいけない。最初のいくつかは簡単に出てくる。八つ目、九つ目を考えるころ、脳はしっかりとはたらき出すのである。

第 5 章

創造的な組織

THE CREATIVE ORGANIZATION

創造的な組織の構造

グローバル化、攻勢をかけてくる革新的な競合他社、急速に進む業界再編。こうした現実を目の前にして、今日のリーダーに何よりも求められているのは、創造的で、アントレプレナーシップに満ち、変化に対応できる、学習する組織を育てる能力である。

どうすれば創造的な組織になれるのか、創造性を会社のＤＮＡに組み入れるには、マネジャーは何に注意すべきか、創造的な人材はどう見分ければよいのか。私はよくこうした質問を受けるが、これが答えと言えるものはなく、やり方を示す手引書のようなものもない。だが、創造的という言葉が当てはまる企業やリーダーをよく見てみると、共通点が浮かんでくる。次ページに挙げるピラミッド図は、きちんとした調査に基づいたものではなく、まだ科学的に証明されたものでもないが、私は創造的な組織について、ざっとこのようなイメージを抱いている。

創造的な組織を築けるかどうか。これには、正確な分類がむずかしい多数の変動的要素が関わっている。組織の創造性は個人とグループの創造性によって左右されることから、検討すべき点は実に多い。しかし、創造的な行動と創造的なマネジメントが一つになったとき、創造的なDNAが生まれると、私は考えている。

創造的な組織となるには五つの要件を満たさなければならない。それを示したのがこのピラミッド図である。

まず簡単に概要を述べた上で、それぞれの要件について詳細に説明したい。

①コミットメント――1段目にあるのはコミットメント。創造的な組織を目指す企業に

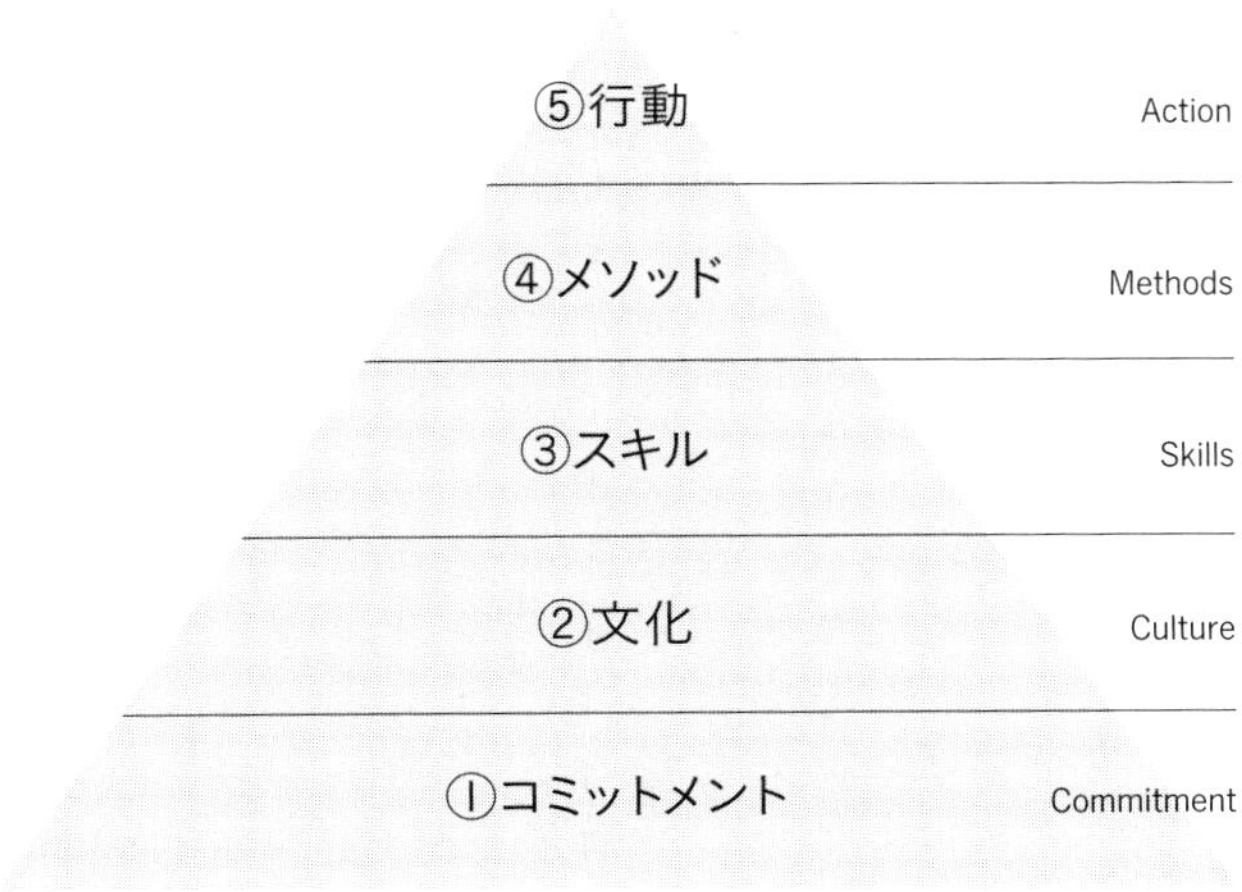

とって不可欠な、いちばんに必要とされるコミットメントがピラミッドの基礎を成している。このコミットメントとは、上層部の賛同を得ているということであり、これがない限り、2段目に進むことはできない。

②文化——上層部のコミットメントとサポートを得ることができたら、それはつまり、創造的なビジョンを描き、創造的な人材を歓迎・評価する文化をリーダーが築いていくということである。

③スキル——このスキルのレベルを満たすには、社員が独創的・創造的に考え、行動できるよう訓練する仕組みを整えなければならない。社員に必要なスキルについては前の章で述べた通りだ。

④メソッド——社員が必要なスキルを身につけたら、次はメソッドの階層に進む。メソッドとは、創造的思考を促すために企業が取り入れている、デザイン思考、リーン・スタートアップ、マインドマッピング、アジャイル開発などのシステムやツールのことである。

⑤行動——ピラミッドの最上段には行動がある。企業は、創造的なアイデアを形に変えて市場に届けるために実行力を発揮しなければならない。

要件① コミットメント

ピラミッドの五つの階層はどれも重要なものだが、創造的な組織を目指すなら、まず経営トップがビジョンを持たなければならない。このビジョンを設立者、経営陣、そして取締役会が共有し、さらに、このビジョンに対するコミットメントの意思を明確にすることが必要である。

独創性・創造性を自社のDNAに組み込むとき、戦略の要となるのがコミットメントである。このようなDNAを生み出すには、リスクを取り、未知の領域に足を踏み入れ、不確実性、あいまい性に対処し、長期的視点を持ち、自己中心的な考えは捨てて行動しなければならない。経営陣が創造性の探求に価値を認めず、コミットメントが得られない企業は、独創的・創造的DNAの獲得はうまくいかないだろう。それを実現するには、経営陣の理解と、継続的なサポートが必要なのである。コミットメントはビジネスのあらゆる面に関わってくる。どのような決定を下すか、どんな人材を採用するか、何を優先するか、すべてがコミットメント次第である。

しかし、コミットメントが必要なのは、取締役クラスまでではない。社内のあらゆる立場の人がコミットメントを求められている。組織が新しい考え方ややり方を取り入れるには、社内の支持が欠かせない。会社のビジョンを描く創造的な設立者は、戦略を実行するために創造的な人々を雇い入れる可能性が高い。古い大きな組織では、社員のサポートを得ることも同じくらい重要になる。CEOが創造性を追求する姿を見て、社員がそれをただの趣味としか受けとらなければ、取り組みはやがて意味を失い、長くは続かない。企業は社員の中から先頭に立って取り組みを進めてくれそうな人物を見つけ出す必要がある。

コミットメントとは、アーティストのような創造性が自社にとって非常に重要であるとリーダーが考え、それを伝えていくことである。自社の創造性を重視し、社内でアーティストを重んじたリーダーの一人に、衛星画像を提供するプラネットの設立者、ロビー・シングラーがいる。スティーブ・ジョブズや、ブラウン社のブラウン兄弟の名も挙げることができるだろう。アートと起業、あるいはアートとテクノロジーは共存できるだけでなく、ともに栄える共生関係にあることを、彼らは知っていた。

アートがいかに重要かを示すには、アートや創造性関連の費用を社会奉仕事業のための予算ではなく、部の重要な予算、たとえばイノベーション費から出す必要がある。また、マーケティング・財務・営業などの専任チームがあるように、この取り組みを推進する専任のリーダーを――少なくとも一人は――置くことも忘れてはならない。イノベーションを本気で目指す会社には、斬新なアイデアを組織に吹き込んでさまざまな交流やインスピレーションをもたらす創造的な人やチームが必要だ。

コミットメントによって、会社のアート関連の、通常デザインチームと呼ばれている部署は、これまでより大きな権限を持つことになる。会社の意思決定の場でもこのチームのメンバーの意見が重んじられる。多くの場合、企業では、とくにエンジニアリング主導の企業では、会社を方向づけ、決定を下すのはエンジニアである。そうした企業では、製品のデザインがエンジニアの意向に合わなければ、デザインチームがデザインを変更しなければならなかった。だが、ブラウンでは、のちのアップルと同じように、デザインがエンジニアリングより優先されることがほとんどだった。ブラウン兄弟は、デザインがテクノロジーより先を行っている場合、デザインを既存の技術に合わせるのではなく、テクノロジーを進化させるようエンジニアを促した。

テクニカル部門の人々の結束を固めるには、デザインチームとエンジニアリングチームのつながりを深めることが必要だ。そう考えて、ブラウン兄弟はこの二つの部署を一カ所にまとめた――製図版は機械の隣に置かれた。エンジニアとデザイナーは隣り合って仕事をした。

デザインをエンジニアリングチームの下に位置づけると、アートの価値が著しく損なわれるだろう。それは、経営陣がデザインを会社の不可欠な一部分ではなく、エンジニアリングの一要素としか見ていないことを意味するからである。

コミットメントは、エンジニアリングとデザインのよい関係を築くだけではない。コミットメントとは、創造的なチームを支持することでもある。ブラウンでは、ほとんどの決定が民主的な方法で行われた。ブラウン兄弟と（ジレットによる買収後は）取締役会議長が最終決定権を持っていたが、デザインチームを率いていたディーター・ラムスの意見がいつも考慮された。ブラウンのDNAを深く理解していた彼の考えは重要で、異論のはさみようがなかった――たいてい、マーケティングチームやエンジニアチームの考えよりまさっていた。そして「ブラウン的でない」、つまりラムスの考えるブラウンのDNAにそぐわないことは実行されなかった。

ラムスは自分の創造的なアイデアについて自由に述べてよいことを知っていた。それは、あの高い評価を受けているディーター・ラムス個人としてではなく、デザインチームのトップとして経営陣に支持されていたからである。

創造的なDNAを生み出すという取り組みをだれに任せるにせよ、まず**リーダー自身がその重要性を信じ、支持をする**必要がある。企業のリーダーはこの点をしっかり認識しなければならない。世界的、あるいは地域的金融危機が生じ、競争が激化し、会社が減益となる。経営陣のコミットメントが試されるのは、こんなときである。私の知っている企業の大半は、不要な活動や福利厚生のための予算を削り始める。創造的な活動も不要とみなされることが多い。こうした困難な時期に求められるのは、効率性と柔軟性である。ところが経営陣は予算の削減を図る。創造的な活動やプログラム、あるいは創造的なポジションがまっ先に削減の対象になったら——創造力を「不可欠」ではなく「あれば望ましい」くらいにしか考えていない企業であることが露呈する。

創造的な企業にコミットするということは、いかに困難であろうと創造的活動を続けるということである。だが、それを理解していないマネジャーが多い。厳しい経済状況の中では、効率化だけを進めても将来の展望は開けない。創造性を追い求めることが必要なのだ。創造的なチームを育成・支援し、社員にはハードルを越えるためのツールを提供する。どんなときにもこうした姿勢を貫く企業が、創造性の価値を本当に信じている企業だと言うことができる。

業務を遂行する人材が必要になったとき、創造性へのコミットメントを明確にしているマネジャーは、会社には創造的な人材、最終的に会社の上層部となる人材を採用する必要があることをよく理解している。しかし、企業の下層部では創造的な人々は歓迎されないことが多い。そこで必要とされているのは実行部隊だからだ。だが、その創造的な人々は、あとから上層部で必要となる。創造的な人材を雇うと、マネジャーは管理能力を問われる。マネジャーの多くは「創造的」なタイプを扱うのが苦手だ。彼らは権威に挑み、締め切りは不都合なものと考えるからである。「アーティストのように考えよ」という言葉があるが、これは「夢想家であれ、怠惰であれ、反抗者であれ」という意味に解釈されることがある。すぐに失職へとつながりかねない特質を大切にするよう勧める言葉として理解されているのだ。

しかし、すぐれたリーダーは創造的な人々がどんな仕事を担当していようとうまく導いていくことができる。会社の目的を達成するには、ときにはコンフォートゾーンから抜け出すことが必要だ。マネジャーは担当チームにそう言うが、創造的な人々をどう管理して動機づけをするか学ぶため、自らもコンフォートゾーンから出てみなければならない。

エルヴィン・ブラウンは、ディーター・ラムスという創造的な人物を、既成概念にとらわれることなく処遇した。経営陣が本当にコミットしているかどうかは、こうした姿勢からもうかがうことができる。ラムスは早い時期から成功を収めていたが、ブラウンを去って企業を転々とするのではなく、ブラウンにチーフデザイナーとして40年以上とどまる道を選んだ。彼がその選択に満足することができたのは、一つには、家具会社のヴィツゥ＋ツァップのデザイナーを兼任することを認められていたからである。

ラムスは、ヴィツゥ＋ツァップから仕事のオファーがあったとき、ブラウンに在籍したままこの仕事を受けたいと、エルヴィン・ブラウンに申し出た。ブラウンは一も二もなく承知した。これは1957年のことである。当時、このような考え方をする人はほとんどいなかった――いまでもそうだが。有能な社員が他社のために働くことを許可し、支援する雇用者などいるだろうか。この決定に対して、社内から反対の声が多数上がったが、ブラウンはラムスの支援を続けた。「ラムスに家具をつくらせよう。ラジオでそれが活かされるはずだ」※60。ブラウンはものごとを全体論的にとらえた。そして、これも重要な点だが、この新しいチャンスを活かすことを認められたことで、ラムスがこの先も忠実に社への責任を果たしてくれることを、ブラウンは理解していたのである。

経営陣のコミットメントは、創造的な仕事に対する感謝の気持ちを示すことにもつながる。これは、その仕事を公に認めるということであり、創造的なチームに金銭的に報いる場合もある。創造的な人々は、あまり賃金交渉をしたがらない。彼らは正当な評価をされていないと感じたら、普通予想されるのとは逆の行動をとる。以前より懸命に働くのだ。たくさん仕事をし、成果を上げ、自分がいかに価値のある人材かを示せば、正当な評価を受けられるだろうというわけだ。

だが、これがいつもうまくいくとは限らない。たとえば、第2章で紹介した石材会社のデザイナー。彼は新製品の開発・コスト削減・増益と、多大な貢献をした。ところがマネジャーは彼に報いようとはしなかった。彼が何も言わないので、いまの報酬で満足しているものと思ったのかもしれない。デザイナーは声を上げる代わりに、辞表を提出した。マネジャーは自分たちの誤りにそのとき初めて気がついて、もっとよい条件を提示した。だが、もう遅かった。会社は真のイノベーターを失ったのだ。

要件② 文化

「文化は戦略を朝食のように平らげる」。これは、著名な経営コンサルタントで文筆家のピーター・ドラッカーの言葉である。企業が成功するかどうか、長く存続するかどうかは企業文化にかかっている。何を受け入れ、何を否定するか。何を推し進め、何を避けるか。これも企業文化に明示されている。職場環境・会社のミッション・価値観・倫理・期待、そして目標。企業文化にはさまざまな要素が含まれている。企業文化と個々人の価値観・ニーズ・願望がぴったり合ったとき、チームは勢いを得、共通の目標に向かって動き出す。企業文化の持つ重要性、影響力、そして意味を理解することの大切さは、いくら強調してもしすぎることはない。

ビジネススクールやMBAプログラムから役員室へ直行したエリートは、競合分析・ビジネスゲーム理論・市場モデルなどのツールやテクニックを深く考えもせずに使う。さらにひどいのは、こうしたツールがそもそも適切かどうかさえ考えていないことである。

彼らは企業を、明確に組織化され、一定の秩序のもとにものごとが進む——感情は歓迎されない——場ととらえている。企業が人間によって構成され、人間によって動かされ、その人間には感情があることを彼らは見落としているのだ。企業から感情を排除した、あるいは排除しようとしたことで、アートとビジネスの間には大きな断絶が生じてしまった。

企業文化は否が応でも、リーダーの影響を大きく受ける。設立者もマネジャーも決断を下して企業文化に痕跡を残す。そして、その跡は企業文化とともに長きにわたって残る。文化は観察が可能である。人の態度・考え方・社会のパターンに目を向けると、文化がわかる。

アートは、企業文化への影響という点で、企業に大きく貢献するだろう。アートの影響がとくに深く及ぶのは、社員のレベル——グループ・ダイナミクス、モチベーション、他者理解、フィードバック——である。こうした点は、どんな業種の企業にとっても、規模の大小にかかわらず重要である。また、どんな人にも創造意欲があり、しかも一人ひとりが異なる視点やアイデアを持っているとすれば、創造性を育てる文化を築かないわけにはいかない。創造したいという気持ちを行動に変えるには、アートに対する関心を高めることが必要だ。リーダーは幅広いアートに触れる機会を提供し、アートと実際に関わり合う機会を増やす努力をしなければならない。

創造性を高める文化とは、さまざまなアイデアの価値を認め、アントレプレナーシップを高く評価し、自己表現を認め、誠実なフィードバックを行う文化である。それは多様性、しかも文化の多様性だけでなく認知の多様性も認める文化、冒険を評価し、意見の対立を奨励する文化である。

カリフォルニアの有名なアニメーションスタジオ、ピクサーは１９８６年に創業。以来、20本の作品を製作し、興行収入は１１０億ドルを超えている――１作品当たり６億ドルということだ。ピクサーは創造的精神でよく知られている。同社がビジネス面でも財務面でも成功を収めることができたのは、この創造的精神のおかげである。きわめて創造的な彼らから学ぶのは、賢明なことと言えよう。そこで行われていることの大半は、伝統的な企業でも実行できる。リーダーはそれを自社にどう取り入れるか考えなければならない。

ピクサーの価値体系の中で最も重視されるのは、創造力を発揮させ、評価することである。ピクサーで自己表現が尊重されるのはこのためだ。社長のエド・キャットムルは、著書『ピクサー流　創造するちから』でこう述べている。ピクサーのアニメーターは、自分の仕事場を好きに飾るよう奨励されている。中には、ピンクのドールハウス、本物の竹を組んだあずまや、入念に彩色された城で1日を過ごす人がいる。

キャットムルは、創造的な作品がピクサーの核であり、エッセンスであると理解している。これがピクサーの羅針盤なのだ。彼は、効率は目標の一つだが、品質は究極の目標である[※61]、とチームのメンバーによく話す。そして、その目標を達成するには、最高のものを目指すしかない。これはピクサーではだれも失敗しないという意味ではない。失敗はある。失敗は創造的プロセスの主要な一部である。ピクサーでは、失敗したからといってとがめられはしない。ピクサーは失敗と真正面から誠実に向き合い、それを次に活かすことを考える。

あなたは失敗者を除外するだろうか。あなたの会社では失敗が評価されるだろうか。何か新しいことを始めようとした人を解雇したことがなかっただろうか。一度失敗しただけでプロジェクトを中止していないだろうか。何度でもやり続けるチームを支援しているだろうか。リーダーは、こうした難しい問題を自分に問いかけなければならない。その答えから、創造的な企業文化であるかどうかがわかるかもしれない。創造的な文化を築くには、リーダーは失敗を失敗で終わらせず、創造性を称え、社員と組織全体が失敗から学ぶ機会を与えなければならない。

創造的な仕事をするには、信頼も重要である。イノベーション、とくに急進的イノベーションには、突飛と思われるようなアイデアが含まれている。あなたのチームのメンバーは突拍子もないようなアイデアを自由に語り合えるだろうか。あなたは、「とんでもない」アイデアについて語る場や時間を設けているだろうか。健康的で創造的な文化の中では、アイデア・意見・批判を共有する機会が与えられる。

先に見たように、私たちは「正しい」答えを言うよう条件づけられている。だから、これまでだれも言わなかったようなことを口にするのは、馬鹿げていると思われるのではないか、格好悪いのではないかと恐れる。われわれ「The Artian」が開いている、観察力を高めるためのワークショップは、このような考え方を変えるのに大きな効果がある。参加者は観察するよう言われるが、観察するだけでなく、考えやアイデアを共有し始める。そして、そう、アイデアの中にはとんでもないものがある。だが、そうしたアイデアはいつも受け入れられる。アートには、「正しい」「間違っている」はないからだ。そこにあるのは想像力・チャンス・そして好奇心である。

コミュニケーションを活発化し、信頼を育むために、ピクサーはピクサー大学を創設して、素描・彫刻・絵画・演技・実写映画製作・プログラミング・デザイン・色彩理論など多数のクラスを提供している。社員に新しい創造的領域を探索する機会を与えようと、ピクサーの経営陣は考えたのだ。これが新たな創造的思考を生み、さらには社員間のコミュニケーションを活発にすることを彼らは知っていた。絵画のクラスでは職場での肩書きなど関係ないからだ。社員とマネジャーが一から絵を学び、同じ立場から互いのアイデアや作品を尊重する。

創造性を高めるには、「エンパワーメント」という方法もある。エンパワーメントとは、社員に当事者意識を持たせ、自律性と責任を与えることである。創造性という会社の根幹に関わることのないインテリを雇うことに意味はあるのだろうか。多くのマネジャーは実験的な試みをさせるより、失敗を防ぐことを重視する。だが、創造性を追求するマネジャーは、チームのメンバーに対する指示・監督・細かい管理は行わず、彼らを助け、導き、彼らのアイデアを社内に広く伝える役割を果たす。新しいアイデアに耳を傾けて既存のアイデアに挑み、アントレプレナーシップを育て、戦略的思考をめぐらし、社員を理解する。

会社での序列は、部屋の場所や会議室の座席を見ればわかる。役員は角部屋を与えられ、会議室では上席に座る。しかし、創造力の場合、肩書きも序列も関係ない。必ず上座について会議を仕切り、権威を示す。このような権威の文化が残っている会社では、リーダーは自分がすでに出したアイデアに似たアイデアが聞けるものと思っている。こういうリーダーは、知ってか知らずか、自分と同じ考え方をするよう社員を「促して」いる。

残念なことだが、組織の大小を問わず、創造的な組織をつくろうとするリーダーは多くの場合、文化に戸惑い、うまく対処することができない。これを人事部門に委ねる人もいるが、そこではいちばんの問題として取り扱われるわけではない。こうした例はコミットメントの不足を示している。彼らはどのように戦略を進めていくか、じっくりと考えて詳細な計画を立てているかもしれない。しかし、文化のパワーを理解していないために、計画は軌道から逸れていく。

斬新なアイデアを生み出して製品・サービスを市場に出そうとしている企業のリーダーは、創造性というのはどこかの部門に任せておけばいいものではないことをよく理解している。それは、社内のすべての人が関わるべきことである。

創造的な環境は簡単に整えられると言うつもりはない。実際、それはむずかしい。そうした環境をつくるには、創造性が求められる。コミットメントや資源も必要だ。そしてさらに重要なのは、実験を繰り返すこと、開かれた心を保つことである。マネジャーは、じっくりと時間をかけてさまざまな方法・さまざまなことを試し、どうすれば社員の意欲をかき立て、やる気を引き出すことができるか見極めなければならない。

まだできたばかりの会社について、一言述べておきたい。起業とは創造的な行為だ。起業家は、会社の構築やいまのことで手いっぱいで、会社の未来の文化について考えるのを忘れがちである。製品・サービスの開発、顧客の開拓、持続可能なビジネスモデルづくり。こうしたことに注力するのはよく理解できる。しかし、起業家は社員も自分たちと同じような創造的な感覚を備えていると思い込んでいないだろうか。それは誤りだ。起業家は、会社がまだ成長段階にあるときから会社の文化について考えるべきである。社員が15、20、あるいは30人くらいのときに企業文化は決まる。だから、それをどのような姿にするべきか、設立時から考えておくことが重要である。文化の形成期にあるということは、まだその形を変えられるということである。

要件③　スキル

リーダーがコミットし、適切な企業文化が生まれたら、次は適切なスキルが必要になる。創造的な組織をつくるには、経営陣は社員の創造性を高めなければならない。そのためには訓練が必要だ。どのようなスキルが必要かは前章で述べたので、改めて述べるのは控えよう。創造的な組織のスキルについて考えるときは、次の二つの視点からとらえなければならない。

・経営陣が採用によって持ち込むスキル
・経営陣が社員を訓練して開発するスキル

スキルを備えた人材を獲得しようとしても、伝統的な考えに従っているうちはうまくいかない。「スキル」と「知識」という語はよく混同され、同義語のように使われている。だが、デザインやアートを勉強して知識を身につけたからといって、創造的になれるわけではない。すばらしい絵を描く人は独創的なアイデアを生み出すことができる、と言えるだろうか。創造的な組織に必要なのは、独自の考え、人とは異なる視点。彼らは古くからある問題に、新しい解決法を提示できるのだろうか。

起業について学んだ人が起業家になるとは限らないように、創造的な分野から人を雇っても、必ずしも創造的な人を雇えるわけではない。ビジネス界では、たいていい同じ場所から同じ方法で人材を得てきた。経営陣は、採用候補者の学歴や職歴、過去の実績を知りたがる。だが、企業が必要としているスキルを持っているのは、これまで採用してきたような人々とは異なる仕事についている人かもしれない。

だからマネジャーは現在のスキルではなく、「適合性」に注目すべきである。適合性とは、今後の成長の可能性である。「いま何をしているか」ではなく、「明日何ができるか」が重要なのだ。マネジャーは履歴書だけを見ていてはいけない。候補者が革新的・創造的であるかどうかは、その人物の趣味や活動について知ればよくわかる。人は帽子を次々と取り換えることはできるが、その帽子の下にあるものまで変わったりはしない。

適切な人材を採用してスキルを取り入れることは重要だが、すでにいる社員のスキルを磨くことも忘れてはならない。マネジャーは社員を、観察者・質問者・「アイデアを生み出す人」に育て、コミュニケーションやプレゼンテーションの能力、書く力も高めなければならない。もし、これまで通りのやり方で行くと言うのなら、その既存のプログラムの見直しが必要である。

1990年代末にユニリーバUKがすばらしい手本を見せている。市場シェアが低下した同社は、社員のアントレプレナーシップと創造力を高める取り組みを始めた。企業再建の専門家を招いたり、経営改革のための、コンサルタント主導の役員向けプログラムを導入したりするのではなく、ユニリーバはカタリストプログラム――アートとアーティストを用いるアートベースのプログラム――を選んだ。ビジュアルアート・詩・写真・脚本・ジャズなどのアート表現を用いて、ビジネス上のさまざまな問題に対応できる考え方や行動を身につけようというものだ。

このプログラムは7年間続いた。社員はコースを取り、個々に活動し、アート関連組織でのボランティア活動に参加するよう勧められた。このプログラムのおかげで、社員は視野を広め、写真を通して新しいものの見方を身につけることができた。あいまいさへの対処法も学び、実験意欲が高まった。コミュニケーション・フィードバックのスキルが磨かれ、質問・仮定の能力も飛躍的に向上した。

興味深いのは、経営陣が次のような認識を持っていた点である。経営陣は、会社が前進する上で——とくにマーケティング、社員間の交流、グループ・ダイナミクスにおいて——このプログラムが大きな力になったと考え、これを、ビジネスを支えるための継続的内部プロセスととらえていた。こうしたプログラムには、一回完結型のプログラムや一度限りのアート活動にはない、変化を引き起こし、創造性を高める力がある。企業の戦略にもともと組み込まれていない一回限りのプログラムは普通、効果が限られている。

要件④　メソッド

私たちは目新しいものに貪欲な世界に住んでいる。商品からコンテンツ、経験まで、あらゆるものをさっさと消費して、次のものを求める。新しいものにとりつかれた私たちに即座に対応しようと、産業界ではデザイン思考、リーン・スタートアップ、ビジネスモデルキャンパス、マインドマッピングなどの手早く簡単な手法が受けている。イノベーションの世界のツールや手法のリストは長くなる一方だ。コンサルタント会社はこうしたツールの上に成り立っている。イノベーションを目指す会社にソリューションとしてこうしたツールを提供し、導入や運用のサポートをするのである。

ここでは新しいメソッドについて述べられるのだろう。そうお考えかもしれないが、そうではない。デザイン思考、リーン・スタートアップといった、非常に有用なすばらしいツールがすでにあるからだ。だが、ツールだけに頼るやり方は危険である。イノベーションを進めるとき、そのプロセスを手軽で、安価で、よりよいものにすることは重要で、企業はそうした点を常に考慮しなければならない――しかし、それは目標ではない。目標は、「革新的なものをつくり出すこと」だ。ところが、今日、革新的文化・革新的プロセスは、会社のお楽しみ会・プロセスマッピングと化し、カラフルなポストイットに収まるものになってしまったようだ。

ツールだけ利用しても、革新的・創造的な組織になることはできない。こうした一般的なツールを使えば、大きな変化を引き起こせると信じているリーダーは、甘いとしか言いようがない。創造性を高めるツールがイノベーションのための手段として提供されているが、うまくデザインされていないワークショップや講座に参加しても、厳しいイノベーションの世界の一端を垣間見るだけである。「あなたの会社が次のアップルに」「第二のiPhoneを開発」。こんな謳い文句に踊らされて、マネジャーは二日間集中コースやハッカソン、オンライン講座の申し込みをする。だが、それは空約束。そんな簡単な話ではないのだ。

なぜこのような話をしているのか。それは、先ほどのピラミッド図でメソッドが占めているのは4段目だからだ。つまり、創造的な組織に変わるためにいちばんに必要なものではないということだ。結局、ツールはツールにすぎない。ツールだけあっても、コミットメントがなければ何ともならない。文化を発展させる力にもなれない。創造的な組織が必要とするスキルをもたらすわけでもない。企業の助けとなるようツールは開発されてきたが、それを活用する前に、文化が形成されていなければならない。

創造性という問題をツールだけで解決しようとするリーダーは、成果が上がらず、不満が募るだろう。彼らは社員や関係者の目には創造的と映るかもしれない。重要な仕事を引き受け、イノベーションのための道を模索しているように見えるだろう。だが、大きな変化はまず期待できない。こうしたツールの大半は新しいものではない。「共感」が流行って、マネジャーは人を第一に考えるよう促された。しかし、共感するのに本当にツールが必要だったのだろうか。デザイン思考が登場するはるか以前から、ディーター・ラムスは共感というコンセプトを理解していた。スティーブ・ジョブズは直観をはたらかせ、――ビジネスニーズではなく――人のニーズや願望について考え、共感していた。これは、「人間中心設計」というコンセプトがまだないころのことである。

革新的な文化をいくつかのステップから成るプロセスにまとめてしまうと、イノベーションも創造性を高めることも、実際よりはるかに容易に思える。こうしたツールはできる限り実用的なものにしてあるが、中には理論的・学術的で、成果を上げるにはどのように活用すればよいのか具体的な説明が欠けているものもある。

チームのメンバーに、共感しなさい、観察しなさいと指示するだけで、共感力や観察力が高まったりはしない。スキルを備えるには、まずコミットメントと適切な企業文化が必要だ。この二つがそろえば、スキルを身につけるための取り組みが自然に始まるはずである。

要件⑤　行動

「行動は雄弁である」。ウィリアム・シェークスピアはそう言った。創造的な組織になるには行動が必要である。決定を行動に変えると、企業に最大の利益がもたらされる。訓練をし、計画を練り、仮説を立て、製品・サービス・プロセスのプロトタイプを作成したら、あとは実行あるのみだ。

企業は書類であふれている。何をするにもたくさんのステップを踏まなければならない。報告を繰り返し、会議を重ね、計画を練り直し、効果のない訓練が何度も行われる。成果をもたらす創造的な文化を形成しようと思うなら、行動のほうが言葉より雄弁である。人はあなたの話を聞いてはいるだろうが、あなたが何をしているか、そちらのほうにもっと大きな関心がある。

ユニリーバのカタリストプログラムは、いくつかの要素が組み合わさって生まれた。その一つが若きマネジャー、オリヴァー・ロイドの提案だった。彼はアートに興味があり、当時、リーバUK（ユニリーバの前身）の会長を務めていたジェームズ・ヒルに、モダンアートを購入してビルを明るくし、社員を刺激するよう進言。それが受け入れられた。

食品・飲料を提供する企業がアート作品を買うなど、おかしな話に聞こえるかもしれないが、ロイドは恐れず意見を述べた。アートには会社を新しい方法で形づくっていく力があると信じていたからである。

ピクサーは、3作目の映画『トイ・ストーリー2』を、不可能と思えるほど厳しい日程で製作しなければならなかった。スタッフは週7日、深夜まで働き、6カ月が終わるころにはほぼ限界に達していた。映画は予定通り公開され、またヒット作となった。

しかし、社員第一とは、口先だけでなく実際に社員を第一に考えることだと、キャットムルは思い知った。映画を完成させるという会社のニーズが社員のニーズより優先されてはならない。ワークライフバランスを取るよう社員には言っていたが、言うだけでなく、それを実現できる環境をつくることが必要だ。

ピクサーは人間工学に基づいてデザインされた仕事場や、ヨガ教室、理学療法を提供し、敷地内にプール・バレーボールコート・サッカー場もつくられた。社員はそれを勤務時間中に利用できる。

ヒルもキャットムルも行動を起こした。その行動によって、社員に対する信頼、アイデアに対するオープンな姿勢、エンパワーメントが示された。だが、何よりも大切なのは、行動するとはどういうことか示された点だ。行動には、ものごとを片づけるだけでなく、人を引き入れ、組織を活性化させる力がある。そして、行動志向の文化とはどのようなものかを実際に目に見える形で示すこともできる。

創造的な組織のピラミッド図は、成功のための確かな処方箋ではなく、ガイドラインと考えてほしい。既存企業には、スキルを身につけたベテランのマネジャーがいるだろう。彼らの大半は伝統的な管理ツールを適切に用いるが、古い手法にしがみついていては、創造的成功はまず望めない。しかし、可能性を広げる余地も必ずある。キャットムルはこう述べている。「人は過去に学ぶべきであり、支配されてはならない」。あなたにはぜひ、経営陣に行動するようはたらきかけてほしい。

創造的人材を採るにあたっての調整法

「失敗」という言葉にはぞっとさせられる。だが、枠にとらわれず、創造的・革新的であろうとするなら、失敗は避けられないということを心に留めておかなければならない。失敗を容認する文化、さらには失敗から学ぶ文化を築くことが肝要だ。デザイナーやアーティストなど、創造的な人材を採用するときは、だれもが何らかの調整をしなければならない。その調整法をいくつか紹介しよう。

仲介者を見つける

アーティストはビジネス界では理解されない言葉で話すことが多い。だが、話している内容は、ビジネス界でもすでに話題になっているようなことだ。アーティストは感情や感覚について語り、ビジネスマンはユーザー・エクスペリエンスについて語る。アーティストは重要な社会問題について語り、ビジネスマンは持続可能なものづくりについて語る。両者が取り上げる問題は、思った以上に近い。違うのは言葉だけである。The Artianを立ち上げたころ、私はほかの起業家と同じように、仲間を探すのに懸命だった。アート・起業・テクノロジー・イノベーションの間のつながり、相互関係を認め、その価値を知っている人々を求めていた。

私は似たような考えを持つ人がどれくらいいるのか知るために、アートとテクノロジーをテーマにイベントを開催することにした。場所は、起業やテクノロジー関係の人がよく利用するスペースがよいと思った。ギャラリーや美術館で行うと、アートファンがつめかけるだろう。私はアートになじみのないビジネスマンに私の考えを知ってほしかったのだ。

開催場所は、当時できたばかりのキャンパス・マドリードに決めた。これはグーグルが世界7カ所につくっているグーグル・キャンパスの一つである。キャンパスは起業家のためのスペースで、地域のエコシステムの支援・教育・交流の推進などを行っている。2016年1月に最初のイベントを開催し、80人が参加。これほど多くの参加者があったのは運がよかったからだと思ったが、2回目も多数の参加を得た。そして、その後も状況は変わらず、キャンパス・マドリードで大きな成功を収めたコミュニティの一つに数えられるまでになった。コミュニティのメンバーはマドリードだけで2000人を超え、これまで（2018年5月まで）に18のイベントを開催した。「サウス・サミット」はスタートアップや投資家のためのスペイン最大のカンファレンスだが、私たちのイベントが忠実な支持者を得たことから、私はこのカンファレンスでも同じようなカテゴリーのイベントを開いてはどうかと提案し、2017年にそれが実現した。テーマは、イノベーションの世界におけるアートとアーティストの役割だった。この年の3月、グーグル起業家支援プログラムのグローバルチームがマドリードを訪問し、私はその招きで、起業家と対談する機会を得た。そして、これがきっかけとなって、2018年1月にはグーグルとのコラボレーションで、アーティストや起業家が集うクリエイティビティ・ウィークを開催することができた。

何がコミュニティ成功の要因か。そう問われて、私はそれまでしてきたことを振り返る機会があったが、そのとき気づいたのは、私たちがアーティストと一緒に長い時間をかけて事前の準備をしたということだった。私たちは彼らのアイデア、目標について学び、さらには彼らの言葉も理解するようになった。それは彼らと一緒にさまざまな案を検討し、必要ならプレゼンの練習をし、あらゆるサポートをしているうちに身についたものである。

そしてイベント当日には、アーティストと起業家、アーティストとテクノロジー関係者、アーティストとビジネスマンの間に立って、私は、会話がうまく進むようアーティスの言葉を言い換えたり、ビジネスやテクノロジーの世界から具体例を引いたりした。通訳、仲介者の役割を果たしたわけだ。

トークショーやイベントの開催、創造的な人材の採用を検討している会社は、社員の中から、根気強く、アートをはじめとする創造的な分野に強い関心を持っている人物を見つけ出すとよい。アートとビジネスの世界をつなぐ仲介者となってくれるはずだ。

柔軟性、フィードバックの活用

私の親友に、非常に知的で、テクノロジー関連のスタートアップを経営している人物がいる。会計を学び、財務に詳しい彼は、分析的で細部によく気が回る。私と親しく、その私がアートに情熱を燃やしているからかどうかは知らないが、彼が最初に雇ったのはクラシック音楽の指揮をする音楽家だった。会社での役割がはっきりわからないまま画家を採用したシングラーと同じように、私の友人もイメージを描けないまま音楽家を雇った。

この小さなスタートアップと音楽家は、最初のうちはとてもうまくいきそうに思えた。音楽家はすばらしいアイデアを生み出し、新製品を提案。会社側はその開発を決定した。ところが、ほどなく関係が悪化し、雇用契約は打ち切られた。どちらがそう決めたのか私は知らない。何がよくなかったのだろう。そう思った私は親友と一緒にどうすればよかったのか分析してみた。

その結果わかったのは、「アーティストにはすぐにフィードバックしなければならない」ということだった。数週間、数ヵ月待たせると、たぶん不満が生じる。アーティストに評価されていると感じさせるには、もっと頻繁に、できれば毎週――肯定的なものも建設的なものも含めて――フィードバックすることが大切だ。また、その音楽家の場合、プロジェクトの数をもっと減らすべきだった。そうすれば重要なものから片づけていき、目の前のさまざまなプロジェクトに心を奪われ、一般人には理解の及ばないような世界に迷い込むこともなかっただろう。

会社はアーティストに優先順位をはっきりと伝え、変更が生じても対応させることが必要である。会社が創造的な人物をパートタイムで、あるいは小さなプロジェクトのために雇う場合は、この点がとくに重要である。マネジャーはアーティストが何を優先したいと考えているかを理解し、スケジュール的にどこまで許されるかをきちんと把握すると、彼らに最大の成果を上げさせることができるだろう。

会社はアーティストのニーズへの配慮を怠らないが、なぜそこまでして彼らを雇わなければならないのか。そんな質問にはこう答えよう。それは、アーティストが創造性豊かで、会社のために次のすばらしいアイデアを見つけ出してくれるからだ。自分と同じような考えの人を雇っても、変化はまったく期待できない。

興味の一致

適切なアーティストを選ぶことも重要である。私の知っているある企業では、ロボットを使って顧客に応対する計画を進めている。ロボットは顧客とのコミュニケーションを通じて信用を築かなければならない。顧客に安心感を持たせ、気楽に話せる存在であることも重要だ。これを実現するには、ロボットが人間や人間の感情を理解する必要がある。

才能豊かなアーティスト、エラン・ハダスは、イスラエルの詩人で、ソフトウェア開発者、ニューメディア・アーティストでもある。彼は、ハイパーメディア詩をつくり、ソフトウェアベースのテキストジェネレーターを開発している。いくつもの共同プロジェクトにも参加しているが、その中には、脳波から詩を生み出すヘッドセットや、人にインタビューをして、人間であるとはどういうことかを問うロボットがある。

ハダスはコンピューターサイエンスの手法を使い、データをインプットして詩をつくり出す。彼はこれを「拡張詩（Augmented Poetry）」と呼び、アルゴリズムを使って言葉を扱うことを可能にする。機械で詩作をするには、人間であるとはどういうことか、何が人を行動へと駆り立て、何が気持ちをかき立てるかを深く理解しなければならない。「拡張詩」にも、顧客応対ロボットと同じことが求められるのだ。二つの例を紹介したが、この二つには共通点があり、興味のありようや考え方も似ている。目指すところは同じだが、ただ、異なる角度からアプローチしている。

自由を与える、ポイントを押さえる

企業で働くアーティストやデザイナーと話をする機会があるが、私はマネジャーの多くが彼らのことを狭い視野でしかとらえていないことに気がついた。マネジャーは創造的な人々の役割を美的なこと全般——ロゴ、会社のホームページ、パッケージ、展示会のブース、広告などのデザイン——と考えているのだ。イノベーションを目指す企業が創造的な人材の仕事の範囲を狭めていたのでは何もならない。そうした仕事も重要ではあるが、イノベーションを起こすには視点を変える必要がある。

創造的な人々の力を最大限活かすには、会社にとって障害となっていることを、デザインやマーケティングの分野に限らずすべて洗い出し、その解決策を考えてもらうのがいちばんである。数週間、彼らが社内を自由に見て回り、気がかりな点を見つけるというのもよいやり方だ。会社の問題点やチャンスが明らかになる。

アーティストやデザイナーを雇い、月々の給料を払うだけでは十分とは言えない。先にお話しした石材工場はこのことに気づいていなかった。あのデザイナーは工場の機械が空くまで何時間も待たされた。機械の使い方を自分で覚えなければならなかった。一緒に石を運んでくれる人を見つける必要もあった。

人を雇ったら、仕事に必要なものを整えなければならない。彼らは仕事をするためのリソース――適切な機械、十分な時間、適切な人物への連絡手段など――を必要としている。それを用意しないで創造的な人材に期待をかけるのは、大工に片手で仕事をさせるようなものだ。創造的な人を雇うときは、どのようなリソースが必要になるかあらかじめ見当をつけ、予算の手当てをすることが重要である。

私はアクセラレーターのＡＩＲプログラムに参加したことのあるアーティストと知り合いになった。これは３カ月間のプログラムで、スタートアップのためのプログラムと同時期に実施される。アーティストは選考を通過した起業家の隣に座って、彼らと同じように働く。このアーティストと話をしていて、このプログラムには「交流」が欠けていたことがわかった。

起業家とこのアーティストが交わるだけでなく、もっと別の形の交流をアクセラレーターの経営陣は用意できたはずだ。ギャラリーのオーナーやほかのアーティストが起業家とつながれば、違う会話が生まれただろう。アクセラレーターが充実したAIRプログラムを実施するには、アーティストと起業家の会話をどのようにスタートさせるか、双方がオープンに話をし、新しいアイデアを探る場をいかにしてつくり出すか、これが大きな課題となる。オープンな文化が生まれたら、タイプの異なる人々が開発・創造・イノベーションを一緒に進めることができる。そして、互いの考えをぶつけ合うことで、それぞれの考えの総和よりもさらに大きなアイデアが生み出される。

AIRプログラムについてぜひ述べておきたいのは、「アーティストの創造的活動を制限してはならない」ということである。アーティストはさまざまな色や素材を扱う。素材にはにおいのするものがある。アーティストは音を立て、場所を取ることも多い――アーティスト自身ではなく、素材が。アーティスト以外の人に影響を及ぼさず、アーティストの活動を制限することもなく、こうした状況に対処するにはどうすればよいのか。これは重要な問題であり、アーティストの選考にあたっては、しっかりと考慮しなければならない。

創造的な人々とともに働くと、すばらしいことを学べる。実際にどのようなところから始めるとよいのか、第2章でいくつか方法を紹介した。もちろん、本や記事、研究もある（The Artianのブログに本のリストを掲載している*）。だが覚えておいてほしいのは、これで必ずうまくいくという方法などないことだ。もしあなたがオープンで、実験に**コミット**し、イノベーションを実現するための新しい方法を試しているなら、正しい方向に向かってすでに大きな一歩を踏み出している。

* http://theartian.com/blog/

エピローグ

２０１７年10月、私はキュレイターを務めたサウス・サミットのトークイベント※62にムーン・リーバスを招いた。リーバスはスペイン、カタルーニャ州生まれの前衛アーティストで、サイボーグアクティビストでもある。知覚の境界線を探り、動きをより深く経験するために、２００７年以来、テクノロジーを自身の体に取り入れる実験を行っている。

リーバスは「サイズミック・センス」の開発でよく知られている。これは地球上のどこかで地震が起きると、その揺れをリアルタイムで感じることのできるオンラインセンサー。月で起きる地震、月震にも対応するこのセンサーは、彼女の足に埋め込まれている。

地球以外の場所で何が起きているかを感じ取ることができるよう知覚を拡張すると、だれでも「センストロノート」（senstronaut＝sense〈感覚〉とastronaut〈宇宙飛行士〉を組み合わせた造語）になれると彼女は考えている。この新しい感覚を得たセンストロノートは、地球にいながらにして足で月を感じることができる。地球と宇宙の両方に同時にいると言えるだろう。

リーバスはアーティストのニール・ハービソン、マネル・ムニョスとともにトランスピーシーズ・ソサエティを立ち上げた。自由な自己デザインを支持し、人間の新しい知覚や器官の獲得を提案する団体である。ハービソンは頭に埋め込んだアンテナで色を感じ、ムニョスは気圧センサーを体内にとりつけている。

私はアーティストと話をしていると、彼らより遅れていると感じるが、リーバスたちを見て、なぜそう感じるのかよくわかった。私たちは未来の世界を思い描き、どんな生活が待っているのだろうと考えるが、アーティストはこのように未来をすでに現実のものとして探究している。それぞれのやり方で、ほとんど支援を得ず、探究心と情熱を持って異なる現実を生きている。

私たちは、アーティストを交えてイノベーションと未来について語らなければならない。

本書では、アントレプレナーシップ・サイエンス・テクノロジー・イノベーションなど、ビジネスの世界の重要な領域とアートとの関係について、さまざまな側面から述べてきた。アートを人生の大切なものと考えている起業家や、アートを研究に取り入れてすばらしい功績を残す科学者、革新的なブレイクスルーをもたらすアーティストを紹介した。アートとのこうしたさまざまな結びつきを取り上げ、問いを投げかけるのが本書の目的である。

アートから何を学べるか、伝えたいこと、取り上げたい例は数限りなくあり、もっとスペースがあればと思うが、また次の機会に述べることとしよう。そして、ここから先はあなた自身でアートとのつながりを探究してほしい。そうなれば、本書を書いた甲斐があるというものだ。

最後に、本書でまず私が何を述べたか覚えておいでだろうか。

私は最初にこう問いかけた。「アートを対等のパートナーとしてビジネスの世界に引き入れるとどうなるだろう。どんなチャンスが生まれるだろう」。創造性・発明・イノベーションの源泉をビジネス界はどこに求めるのか、従来の考え方に代わるものを提示したいと私は思った。

アートが唯一の、あるいは究極の解決策だと言うつもりはない。想像力をはたらかせる、感性豊かな、直感的思考に基づいた企業が成功するとは考えていない。直線的・分析的・論理的思考一辺倒では成功しないのと同じだ。アートやアーティストがビジネス上の問題をすべて解決してくれるなどと期待してはならない。しかし、会社を前進させる大きな力となるのは確かだ。

アートとビジネスはつながっている。なぜなら、アートは人生だからだ。アートと人生は互いに影響し合っている。アートとは「いまを生きること」である。アーティストは作品を生み出し、以前は橋などなかったところに橋を架ける。創造性を発揮し、従来の認識と分野間の境界線の見直しを迫る――リーバス、マクレー、中谷の例を見ればわかるだろう。すぐれたリーダーは、こうした世界のつながりを理解している。そして、そのつながりをさらに強いものにする術を知っている――エルヴィン・ブラウン、スティーブ・ジョブズがそうだった。

これがアートのすばらしいところである。アートは新しい世界を切り拓く。そして、そのためにはたくさんの岩を動かさなければならない。プロセス全体について即断するのではなく、さまざまなアイデアが花開くよう、開かれた心で忍耐強くやらなければならない。私たちの人生からアートをなくしてしまうと、創造性への悪影響がすべての分野で明らかになるだろう――ある分野で創造的プロセスを生み出すことができれば、別の分野の創造的プロセスについても知りたいという気持ちが育つ。

企業はよく、創造的な企業であると自ら称したり、創造性を追求する企業だと宣言したりする。だが、その多くはこれをお題目のように唱えているだけだ。唱えてさえいれば本当にそうなると信じている。お題目も目新しい言葉も新しい専門用語も、並べるだけでは目標には近づけない。しかし、十分考え抜いた確固たる計画を立てることを目指すと、独創性を失うことになる。独創的・

創造的であるには、その時々の状況に応じて考え行動し**なければならない**。

私たちの社会は分野の間に境界線を引く人と、引かない人に分かれる。前者は専門化し、境界線を越えることはないだろう。後者は創造的な人々だ。彼らには、分野間の伝統的な境界線など関係ない。

公の場で話をすると、ビジネス界を離れてアートを勉強したほうがいいだろうかと質問されることがよくある。独創的・創造的な考え方を身につけるために、絵画やドローイング、彫刻のクラスをとるべきかどうか。だが、話はそう簡単ではない。

一つ、理解しておかなければならない重要な点がある。アート教育とは、美しい絵の描き方を教えることではないのだ。それはアート教育の一面にすぎない。柔軟な考え方を育むために、「何を考えるか」ではなく、「いかに考えるか」を教える。世界を観察し、質問をし、さらには新しいアイデアを提示することを教える。それがアート教育なのである。

だから、考える材料を一つ提供しておこう。

私たちが今日直面している問題を解決するのは、過去のビジネス界の伝統ではないこと、過去を継承しても未来は保証されないことにあなたはお気づきだろうか。今日のビジネスリーダーは、ビジネスにとって**本当に**重要なことを取り入れるために、私たちを人間らしくしてくれるアートの世界に分け入る用意があり、進んでそうすることができるとお考えだろうか。そして、さらに重要なことだが、**あなた**にはその用意があるだろうか。

私はその答えを知っている。私はこの二つの世界をつなぐ方法を見つけた。そして、私にできたのだから、あなたにも、間違いなくできるはずである。

参考文献

1. Jeffrey H. Dyer, Hal Gregersen, Clayton M. Christensen. "The Innovator's DNA". Hbr.org, December 2009, Retrieved from https://hbr.org/2009/12/the-innovators-dna（「５つの『発見力』を開発する法　イノベーターのＤＮＡ」ジェフリー・Ｈ・ダイアー、ハル・Ｂ・グレガーセン、クレイトン・Ｍ・クリステンセン著、「ＤＩＡＭＯＮＤ ハーバード・ビジネス・レビュー」２０１０年４月号掲載）

2. Daum, Kevin. (2005) Entrepreneurs: the artists of the business world. Journal of Business Strategy 26(5):53-57.

3. Kaufman, Scott Barry. “How Renaissance People Think”. ScientificAmerican.com, June 18, 2013. Retrieved from https://blogs.scientificamerican.com/beautiful-minds/how-renaissance-people-think/

4. Steine, Christopher. (October 20, 2010). The Disruptor In The Valley. Forbes Magazine printed edition November 8, 2010 Edition.

5. The Y Combinator Chronicles, on FastCompany, https://www.fastcompany.com/section/the-y-combinator-chronicles

6. Mañalac, Kat, (August 21, 2017). YC Summer 2017 Stats. Y-Combinator Blog Retrieved from http://blog.

ycombinator.com/yc-summer-2017-stats/

7. Graham, Paul (May 2003). Hackers and Painters. Paul Graham Blog. Retrieved from http://www.paulgraham.com/hp.html

8. Walters, Natalie. "What Is AirBnB's Valuation Right Now?". The Money Fool. November 20, 2017. Retrieved from https://www.fool.com/investing/2017/11/30/what-is-airbnbs-valuation-right-now.aspx

9. B. Lassiter, Joseph and Richardson, Evan. (September 2011). Airbnb, Harvard Business School Case, 9-812-046

10. Meyerowitz, Robert. (March 7, 2011). Jim McKelvey Has Altered the Way Money Changes Hands. Now What?. St. Louis Magazine. Retreived from https://www.stlmag.com/Jim-McKelvey-Has-Altered-the-Way-Money-Changes-Hands-Now-What/

11. Meyerowitz, Robert. (March 7, 2011). Jim McKelvey Has Altered the Way Money Changes Hands. Now What?. St. Louis Magazine. Retreived from https://www.stlmag.com/Jim-McKelvey-Has-Altered-the-Way-Money-Changes-Hands-Now-What/

12. Jim McKelvey, an interview with the author March 2017

13. Bosker, Bianca. (March 27, 2012). Google Design: Why Google.com Homepage Looks so Simple. Huffingtonpost.com. Retrieved from http://www.huffingtonpost.com/2012/03/27/google-design-sergey-

brin_n_1384074.html

14. Biography.com (n.d). Retrieved from http://www.biography.com/people/marissa-mayer-20902689

15. Carlson, Nicholas (August 24, 2013). "The Truth About Marissa Mayer: An Unauthorised Biography". Business Insider. Archived from the original on August 25, 2013. Retrieved October 1, 2014.

16. Marissa Mayer and Marc Benioff. (2014). Inform conference at the Commonwealth Club [online video]. Retrieved from https://www.youtube.com/watch?v=_3ALyinBTcA

17. Blank, Steve. (March 31, 2011). "Entrepreneurship is an Art, Not a Job". Steveblank.com. Retrieved from https://steveblank.com/2011/03/31/entrepreneurship-is-an-art-not-a-job/

18. Airbnb.com (n.d). Retrieved April 2018 from https://www.airbnb.com/obamaos

19. Snow, Charles Percy [1959]. The Two Cultures. London: Cambridge University Press.（『二つの文化と科学革命』C．P．スノー著、松井巻之助、増田珠子訳、みすず書房、２０１１年）

20. Galilei, Galileo (1610) Translated by Van Helden, Albert. Published April 15th 1989 by University Of Chicago Press.（『星界の報告』ガリレオ・ガリレイ著、伊藤和行訳、講談社、２０１７年）

21. Root-Bernstein, R. S., Bernstein, M., & Garnier, H. (1995). Correlations Between Avocations, Scientific Style, Work Habits, and Professional Impact of Scientists. Creativity Research Journal, 115-137

22. Ramón y Cajal, Santiago. (1951). Precepts and counsels on scientific investigation: Stimulants of the spirit (J.M.Sanchez-Perez, Trans.). Mountain View, CA: Pacific Press Publishing Association.

23. TheEconomist.com (June 25, 2016). Retrieved from http://www.economist.com/news/special-report/21700756-artificial-intelligence-boom-based-old-idea-modern-twist-not

24. Carl Benedikt Frey and Michael A. Osborne (September 17, 2013). The Future Of Employment: How Susceptible Are Jobs To Computerisation?

25. Hasan Bakhshi, Carl Benedikt Frey and Michael Osborne (April 2015). Creativity Vs. Robots The Creative Economy And The Future Of Employment.

26. Kohs, Greg (director) (April 21, 2017). AlphaGo [Documentary File].

27. Lien, Tracey and Borowiec, Steven. (March 12, 2016). AlphaGo beats human Go champ in milestone for artificial intelligence The Los Angeles Time. Retrieved from http://www.latimes.com/world/asia/la-fg-korea-alphago-20160312-story.html

28. Acemoglu, Daron and Autor, David (2011), 'Skills, Tasks and Technologies: Implications for Employment and Earnings', in Handbook of Labor Economics, volume 4.

29. George Land, Beth Jarman (1992), Breakpoint and Beyond: Mastering the Future – Today

30. Isaacson, W. (2011). Steve Jobs. New York: Simon & Schuster. (『スティーブ・ジョブズ』ウォルター・アイザックソン著、井口耕二訳、講談社、２０１１年)

31. Chen X. Brian. (August 10, 2014). Simplifying the Bull: How Picasso Helps to Teach Apple's Style. *New York Times* retrieved from https://www.nytimes.com/2014/08/11/technology/-inside-apples-internal-training-program-.html

32. Graham Paul. (2008). Be Good. Paul Graham Blog retrieved from http://www.paulgraham.com/good.html

33. Pevzner, Boris (2017). Interview to The Artian [online video]. Retrieved from https://www.youtube.com/watch?v=l4HhE1G7uMk

34. Litt, Michael (July 15, 2017). Why This Tech CEO Keeps Hiring Humanities Majors. FastCompany.com retrieved from https://www.fastcompany.com/40440952/why-this-tech-ceo-keeps-hiring-humanities-majors

35. Zuckerberg Mark (January 12, 2018). Facebook.com. Retrieved from https://www.facebook.com/zuck/posts/10104413015393571

36. Jessica Stillman (November 2, 2015). The New Startup Must Have: An Artist-in-Residence. Inc.com retrieved from https://www.inc.com/jessica-stillman/the-new-startup-must-have-an-artist-in-residence.html

37. Harris, C. (1999). Art and innovation: The Xerox PARC artist-in-residence program (Leonardo). Cambridge, Mass.: MIT Press.

38. Sigurdson Vanessa (May, 2016). The Autodesk Artist-in-Residence Program – Insightful Interview. TheArtian.com Retrieved from http://theartian.com/2016/05/26/the-autodesk-artist-in-residence-program-insightful-interview/

39. Stearns Forest (October, 2017). Creative Permission at the Art & Tech Vertical South Summit [online video]. Retrieved from https://youtu.be/1CTyKexrILc

40. Steinback Jon (September 3, 2015). A List of Creative Exercises for Creative Teams. Retrieved from https://medium.com/foursquare-direct/a-list-of-creative-exercises-for-creative-teams-c43b36f9dbde

41. Zukin, S. (1982). Loft living : Culture and capital in urban change (Johns Hopkins studies in urban affairs). Baltimore: Johns Hopkins University Press.

42. Naimark, Michael. Viewfinder. Retrieved from http://www.naimark.net/projects/viewfinder.html

43. *E.A.T. News*, Volume 1, No 2, June 1, 1967, p 1.

44. Balog K, Phalen K. Medical students probe art before patients. USA Weekend; December 28–30, 2001:12 (magazine insert to The Cincinnati Enquirer, Sunday edition).

45. IBM.com. 10 Key Marketing Trends for 2017 and Ideas for Exceeding Customer Expectations. Retrieved from https://www-01.ibm.com/common/ssi/cgi bin/ssialias?htmlfid=WRL12345USEN

46. Blitz, Shelby (2017). How Big is Big Data. Sisense.com. Retrieved from https://www.sisense.com/blog/infographic-big-big-data/

47. Montessori, M., & Gutek, G. (2004). The montessori method : The origins of an educational innovation: Including an abridged and annotated edition of maria montessori's the montessori method. Lanham, Md.: Rowman & Littlefield.

48. Kelley, T. (2016). The art of innovation: Lessons in creativity from IDEO, America's leading design firm. London: Profile Books. (『発想する会社！ ―世界最高のデザイン・ファームＩＤＥＯに学ぶイノベーションの技法』トム・ケリー、ジョナサン・リットマン著、鈴木主税、秀岡尚子訳、早川書房、２００２年)

49. Dr. Wass, Sam (December 11, 2017). Kids Ask 73 Questions A Day, Many Parents Can't Answer, Study Says. Press Release retrieved from http://sacramento.cbslocal.com/2017/12/11/kids-73-questions-each-day/

50. Matisse, H. (2015). Matisse on art (Revised edition. ed., The documents of twentieth-century art) (J. Flam, Ed.). Berkeley: University of California Press.

51. Rothko, M., Rothko, C., & Rothko, K. (2014). Artist's reality: Philosophies of art. New Haven: Yale University Press. (『ロスコ　芸術家のリアリティ：美術論集』マーク・ロスコ著、クリストファー・ロスコ

編、中林和雄訳、みすず書房、２００９年）

52. Isaacson, W. (2015). Steve Jobs (Simon & Schuster paperback edition. ed.). New York: Simon & Schuster Paperbacks.（『スティーブ・ジョブズ』ウォルター・アイザックソン著、井口耕二訳、講談社、２０１１年）

53. Calhoun Lisa (March 15, 2017). Elon Musk on the 1 Creative Skill Every Founder Needs Now. Inc.com, retrieved from https://www.inc.com/lisa-calhoun/elon-musk-on-the-1-creative-skill-every-founder-needs-now.html

54. Mulcahy, Diane, Weeks, Bill and Bradley, Harold S. (May 2012). We Have Met the Enemy…and He is Us: Lessons from Twenty Years of the Kauffman Foundation's Investments in Venture Capital Funds and the Triumph of Hope Over Experience. Kaufman Foundation report.

55. Dean Tomer (January 2017). The Meeting That Showed Me The Truth About VCs. TechCrunch Retrieved from https://techcrunch.com/2017/06/01/the-meeting-that-showed-me-the-truth-about-vcs/

56. Shah Baiju (May 2015). Consumers Are Setting A Different Bar For Experiences. The Economist. Retrieved from https://www.fjordnet.com/conversations/liquid-expectations/

57. M., C., S., H., T., L., . . . K. (2018). Medical students' exposure to the humanities correlates with positive personal qualities and reduced burnout: A multi-Institutional U.S. survey. Journal of General Internal Medicine, 33(5), 628-634. doi:10.1007/s11606-017-4275-8

58. The international standard on ergonomics of human system interaction, ISO 9241-210. Retrieved from https://www.iso.org/standard/52075.html

59. Trafton, Anne (January 16, 2014). In The Blink Of An Eye. M.I.T Retrieved from http://news.mit.edu/2014/in-the-blink-of-an-eye-0116

60. Lovell, S. (2011). Dieter Rams: As little design as possible. London: Phaidon.

61. Catmull, E. (2014). Creativity, inc : Overcoming the unseen forces that stand in the way of true inspiration. London: Bantam Press.

62. Ribas, Moon (October 2017). Implementing Technology in The Body [online video]. Retrieved from https://youtu.be/cPa6IF5eK-E

影響を受けたその他の本

・Klüver, B., Martin, J., Rose, B. (1972). Pavilion: Experiments in Art and Technology ([1st ed.]. ed.) New York: E.P. Dutton. https://trove.nla.gov.au/work/21317820?q&versionId=25481802

・Grant, A. (2016). Originals: How non-conformists move the world. New York: Viking. (『ORIGINALS 誰もが「人と違うこと」ができる時代』アダム・グラント著、楠木建監訳、三笠書房、2016年)

・Pink, D. (2005). A whole new mind: Moving from the information age to the conceptual age. New York: Riverhead Books.（『ハイ・コンセプト「新しいこと」を考え出す人の時代』ダニエル・ピンク著、大前研一訳、三笠書房、２００６年）

・Darsø, L. (2009). Artful creation: Learning-tales of arts-in-business (1st edition. ed.). Frederiksberg: Samfundslitteratur.

・Maeda, J., & Bermont, B. (2011). Redesigning leadership (Simplicity: design, technology, business, life). Cambridge, Mass.: MIT Press.（『リーダーシップをデザインする』ジョン・マエダ、ベッキー・バーモント著、友重山桃訳、東洋経済新報社、２０１３年）

【著者略歴】
ニール・ヒンディ（Nir Hindi）
イスラエル・テルアビブ出身。起業家。アートの世界の実践やプロセス、テクニックをもとにイノベーションと創造性に関するトレーニングを提供し、ビジネスと起業家精神にアートの思考を融合する The Artian の創業者。現在、スペイン国王フアン・カルロス１世によって設立され、同国内でイノベーションを促進する組織である「コテック」の 100 人のエキスパートの１人であり、マドリードにある欧州を代表するビジネススクールの一つである IE ビジネススクールの客員教授、デザインスクール Istituto Europeo di Design の客員講師を務める。複数のアート＆テック関連イベントの創始者であり、国際的なスタートアッププログラムのメンターでもある。

［監訳］長谷川雅彬（はせがわ・まさあき）
アーティスト·作家。スペインのErretres Strategic Design Companyデザインエヴァンジェリスト、ロシアのContemporary Museum of Calligraphy大使を務める。アーティストとして欧州を中心に活動しており、2018 年 10 月にはマドリードにて世界最大のカリグラフィー作品（1800 平方メートル）を制作。英語・スペイン語でも創造性に関する執筆と講演活動を行なっている。著作に『自分が信じていることを疑う勇気』がある。また、総合格闘家や投資ストラテジストとしての経歴も持つ。

［翻訳］小巻靖子（こまき・やすこ）
大阪外国語大学（現 大阪大学外国語学部）英語学科卒業。都市銀行調査部勤務の後、米コネティカット州での生活を経て、翻訳の仕事に携わる。訳書に『サブスクリプション・マーケティング』『カモメ課長！』『DOUBLE TAKE』『ブルーノート・レコード 妥協なき表現の軌跡』（共訳）などがある。

世界《せかい》のビジネスリーダーがいま
アートから学《まな》んでいること

2018 年 10月 21日　初版発行
2019 年 11月 16日　第４刷発行

発 行　**株式会社クロスメディア・パブリッシング**
発行者　小早川 幸一郎
〒151-0051　東京都渋谷区千駄ヶ谷 4-20-3 東栄神宮外苑ビル
http://www.cm-publishing.co.jp
■本の内容に関するお問い合わせ先 …………………… TEL（03）5413-3140／FAX（03）5413-3141

発 売　**株式会社インプレス**
〒101-0051　東京都千代田区神田神保町一丁目105 番地
■乱丁本・落丁本などのお問い合わせ先 ……………… TEL（03）6837-5016／FAX（03）6837-5023
service@impress.co.jp
（受付時間　10:00 ～ 12:00、13:00 ～ 17:00　土日・祝日を除く）
※古書店で購入されたものについてはお取り替えできません

■書店／販売店のご注文窓口
株式会社インプレス　受注センター ………………………… TEL（048）449-8040／FAX（048）449-8041
株式会社インプレス　出版営業部 ………………………………………………… TEL（03）6837-4635

カバー・本文デザイン　金澤浩二（cmD）
DTP　荒好見（cmD）
翻訳協力　株式会社トランネット

印刷　株式会社文昇堂／中央精版印刷株式会社
製本　誠製本株式会社
ISBN 978-4-295-40244-2　C2034